大漢地下王朝

连旭 摄影

张文文 唐群 著

人民出版社

秦汉新丝路

目录

前言

在陕西省咸阳市北有一处绵延百余里的黄土台塬，今天的人们习惯称其为"咸阳原"。这里是西汉帝国的皇家陵寝所在。两百多年来，西汉 11 位皇帝中，就有 9 位皇帝选择这里作为自己的长眠之所，分别是汉高祖刘邦的长陵、汉惠帝刘盈的安陵、汉景帝刘启的阳陵、汉武帝刘彻的茂陵、汉昭帝刘弗陵的平陵、汉元帝刘奭的渭陵、汉成帝刘骜的延陵、汉哀帝刘欣的义陵、汉平帝刘衎的康陵，而汉文帝刘恒、汉宣帝刘询则因为其他原因另葬汉长安城东南的白鹿原、杜东原，即霸陵和杜陵，与咸阳原上的 9 座帝陵隔着渭水遥遥相望，共同组成了庞大的西汉帝陵群。在咸阳原上的 9 座西汉帝陵中，长陵、安陵、阳陵、茂陵和平陵附近，均设置了陵邑，迁徙大批关东贵族、豪富入居其中，咸阳原又因此得名五陵原，一时间人文荟萃，成为西汉时期全国最繁华的地区，焕发出勃勃生机。经历了两千多年的风雨，如今位于陕西西咸新区秦汉新城辖区内的这 9 座帝陵，高大的封土堆一字排开，再加之大大小小的陪葬墓拱卫在其周围，绵延百里，气势恢宏，形成了中国最为壮观的帝陵遗址带，其规模和规格堪称世界之最，素有"东方金字塔群"之美誉。

雄伟的西汉帝陵，不仅仅是西汉帝王的埋葬之所，更折射出西汉两百年的兴衰变迁，大一统的汉帝国四百年来的辉煌历史。读大汉帝陵，知帝国兴衰。纵览西汉一朝的历史，皇位的更迭，国运的起伏，伴随着一座座帝陵的耸立，可谓波澜壮阔、一波三折，历史的激流在无数个峰回路转中一路前行。这片帝王陵寝，也成为中国历史中独一无二的高光地带，一把理解国运兴衰的关键之匙。

公元前 202 年，汉高祖刘邦取得楚汉战争的胜利，建立汉朝，定都长安。为了使国家从秦末乱世的凋敝和楚汉战争的破坏中走出，刘邦总结了秦历二世而亡的历史教训，在政治制度上继承秦制，在全国推行郡国并行制，重建中央集权制度，但在政令上宽简舒缓，力避秦之苛刻急切；又推崇黄老之术，确立无为而治的治国方略，以柔制刚，以守为攻，逐步消灭了有严重分裂倾向的异姓王势力，并分封子弟，以扩大和巩固西汉政权的统治基础。他又利用和亲政策，减轻了匈奴对汉朝边防的压力；在经济上则推行"什五而税一，量吏禄、度官用，以赋于民"（《汉书·食货志》）的轻徭薄赋政策，重视农业，使汉初经济得以复苏与发展。刘邦去世后，孝惠、高后相继当政，继续执行休养生息的黄老政治，国力进一步恢复和发展。文景二帝继统之后，也将黄老之术作为治国方针，继续休养生息，韬光养晦，推行清静无为、与民休息，废除秦朝的严刑苛法；并且以身作则，反对穷奢极欲。文帝在营建自己的陵墓时，还明确告诉后人不许起坟，不得以金银做装饰，陪葬品都用瓦器。经过几十年的休养生息，"文景之治"的治世局面才得以出现。

汉武帝即位之后，随着经济的复苏和国力的逐步雄厚，开始锐意进取，积极有为。他励精图治，胸怀远大，文治武功显赫，采取一系列加强中央集权的措施，并确定了儒学在百家之学中的主导地位，又重视文教，唯才是举；对外则多次发动对匈奴的征战，加强边塞防御，并移民突边，保证了边境的平安和道路的畅通；他又派张骞两次出使西域，开通了丝绸之路。这些举措大大增强了西汉帝国的国力，扩大了汉文化对周边国家的辐射力和在世界上的影响力，形成了中国历史上大一统的汉武盛世，这也是中国历史上第一个盛世时期。西汉在经历了武帝在位后期的危机后，又于昭宣二帝在位时期再次复兴，此后才走向衰落，最终亡于王莽篡位。

可以说，西汉奠定了中国封建社会时期长达两千年的政治制度、疆域基础、文明模式等诸多方面，并以其在物质文化上和精神文化上的伟大成就成为东方文明的骄傲，在世界文明体系中也居于领先地位，堪称中国历史最重要的朝代之一。

在汉朝，中华民族的概念第一次得以形成，而且在秦朝大一统基业的基础上，又实现了政治、思想、文化上的大一统。这些成就，基本都是在西汉完成的。汉武帝北征匈奴，收复了匈奴占领的秦朝故土，又南下统一两越，其领土除了今天的西藏和东北部分区域外，几乎包括现在中国领土的绝大部分，大大超过前朝秦朝的领土，建立起中原王朝的初步形态，此后几经繁衍变化，形成今天的疆域。西汉境内的各族人民在不断的交往交流中走向融合，为统一的多民族国家的形成做出了巨大的贡献。

西汉巩固发展了以中央集权制度为核心的大一统政治制度，以及奠定了以儒家学说为核心的大一统的政治思想，这一政治思想影响了后世两千余年的中国社会。西汉建立的文官制度接受了儒家文化的理想，通过对人才才能和德行的考察而不是只看其出身与地位，来吸引真正的人才。这一制度为后世朝代所沿袭和发展。而肇始于秦的郡县制也是在西汉时得到完善和巩固，并在我国历史上长期沿用，影响深远。

西汉也是中国历史上美术、诗歌、音乐、哲学、文学和撰史等物质文化和精神文化领域空前的繁荣时期。以霍去病墓的石雕群为代表的西汉石雕，因势象形，粗朴雄浑，简括而又传神地表现出虎、牛、马、熊等艺术形象，反映出汉代艺术"气魄沉雄博大"（鲁迅语）的艺术特点；还有以四神瓦当和文字瓦当为代表的瓦当艺术，融书法、绘画、雕刻、工艺于一体，达到了审美和实用的高度统一，既能反映出西汉时的"阴阳五行""谶纬神学"等独特的哲学和宇宙观念，又表现出盛世时期强健向上的时代风貌。西汉汉赋和乐府诗在文学史上占有重要地位；《淮南子》则是哲学史上的丰碑，可以看作西汉前期思想的总结。而司马迁的《史记》作为中国第一部纪传体通史，不但规模宏大，体系完备，而且对此后的纪传体史书影响深远，历朝正史皆采用此种体裁撰写，被称为"史家之绝唱，无韵之离骚"（鲁迅语）。西汉时期的文化繁荣，得益于西汉历代帝王采取的相对开明的人才选拔制度和开放包容的文化政策。特别是武帝时期，在思想上重视儒家的同时又能不偏于一端，有兼容并包的气度，对外来文化采取开放的态度。

西汉进一步奠定了以汉文化为主体的中华民族多元、统一、包容的文化基因，西汉也是汉人、汉民族、汉文化形成和发展的关键时期。西汉所尊崇的儒家文化成为当时和日后的中原王朝以及东亚地区的社会主流文化。到现今，"汉人"仍为多数中国人的自称，而华夏一族逐渐被称为"汉族"，华夏文字被定名为"汉字"。以中国为代表的东亚世界，也被称为"汉字文化圈""儒家文化圈"。

此外，西汉时期开拓的陆上和海上丝绸之路，为欧亚大陆各国之间的文化、艺术、经济、宗教等方面的交流做出了巨大的贡献，在随后的两千多年间持续发挥着不可替代的重要作用。直至今日，这种文明、开放、包容的大国气度和时代精神，仍在新时代的丝绸之路上延续着。

大一统时代的西汉帝国，为中华文明留下了不胜枚举的物质和精神文化成果，对中国和世界历史产生了深远影响。而作为帝国缩影和见证的帝陵，又奠定了此后两千年中国的帝陵文化传统。从西汉帝陵的规划布局，我们可以清晰地看到奠定中国两千余年政治制度的帝国思想的痕迹，以及它对中华民族和世界的影响。

早在《吕氏春秋》中，就有了"陵墓若都邑"的说法。到了汉代，"事死如事生"的丧葬观念已经深入人心，并且已经演化成为约定俗成的丧葬制度。因此，作为帝国统治者的皇帝帝陵营造，可谓是兹事体大。新王朝甫一建立，首要的大事就是建都与修陵，一般汉朝皇帝在登基第二年就要为自己营造陵园。通俗来说，帝陵也就等于是帝王的阴间都城，是都城的有机组成部分。如果说都城是古代国家政治统治、经济管理、军事指挥和文化礼仪活动中心，是国家政治文化、精神文化的象征与物化载体，帝陵则是反映这一情况的微缩景观，一个活跃在地下的王朝。因此西汉帝陵建筑基本上是仿照京城长安及其皇宫的形制布局修建的。西汉的帝陵与皇后陵位置，一般前者居西，后者居东。这与汉长安城中未央宫、长乐宫的关系相似。帝陵陵墓封土似皇帝的"正殿"，四周的墙垣犹如皇宫宫墙。陵园墙垣四面中央各辟一门，如皇宫四门。陵墓居陵园中央，陵园四门中，正门在东，其形式近似于未央宫的主体建筑——前殿在宫城中央、四面各辟一宫门、东门为正门的布局。

帝陵陵墓又分为地上和地下部分。地上部分除了以山为陵的霸陵外，均为人工夯筑的高大的覆斗形封土，是皇帝生前居住的高台宫殿建筑的象征，一般高约30米，底部方形，边长150—170米。其中最大的茂陵竟高达46.5米。封土规模反映了战国时代即已流行，到秦始皇陵发展到极致的"以大为贵"的墓葬理念；地下部分则为墓室，即地宫，又称"方中"，深度与封土高度基本相同，四面居中各有一条墓道，称为羡道，这一规制可以追溯至殷墟的商王陵墓。据文献记载，西汉帝陵方中用地一顷。墓室中又有殿堂形状的玄宫，放置皇帝葬具，主要有梓宫（珍稀木材梓木制作的棺材）、便房（仿照皇帝生前居住、宴饮场所）、黄肠题凑（中国从春秋至汉朝时的墓葬形制，为帝王、诸侯、少数重臣特有的一种椁具，一般为上万根黄肠木堆叠而成，从内侧看四壁全见木头故称题凑），奢华之极。礼制建筑分列前方和左右，陵邑居北；陵园平面均为方形，门阙在四面墙垣正中，四面辟门。

而由于长安城的营建有一个过程，因而反映在西汉诸陵的布局安排上也有所不同。高祖、惠帝时期，未央宫尚在建设中，帝、后均居于长乐宫，因而长陵和安陵的帝、后陵墓同在一个陵园内。汉文帝以后，帝、后分别居于未央宫与长乐宫，故此，自文帝修建霸陵开始到西汉结束，皇帝和皇后的陵墓便各自设置一座陵园。因为当时皇帝居于长安城中位置偏西的未央宫，而皇后居于偏东的长乐宫，所以，反映在陵区布局上便是帝陵在西，后陵在东。帝、后合葬同茔不同穴。后陵一般较帝陵为小，越到西汉晚期这种现象越显著。

在帝陵陵园附近，还有寝园和陵庙。前者包括寝殿和便殿，寝殿仿皇宫中的正殿而造，主要用于举行祭祀活动，便殿则存放皇帝皇后生前用过的衣物及葬仪时所用器物，以及为寝园官员办公场所。陵庙则专门为陵事活动修建，定期举办祭祀活动。文武大臣有重大事情也要参谒陵庙，如苏武从匈奴回到长安，当时的皇帝汉昭帝就让他去拜谒先帝汉武帝陵庙。作为西汉帝陵的一整套礼制建筑，寝殿、便殿、陵庙等非常重要。西汉奉行"日祭于寝，月祭于庙，四时祭于便殿"（《汉书》）的陵寝制度。据《后汉书·祭祀志》记载，寝殿要摆放亡者的神座，"宫人随鼓漏，理被枕，具盥水，陈严具"，要像奉生者一样，"日四上食"。便殿里存放皇帝生前的"衣冠几杖象生之具"，四时于此祭祀。陵庙放亡者牌位，每月要从便殿中取出皇帝生前的衣冠，到陵庙中祭祀一番。此外，陵庙每年还要举行25次祭祀，其中每季还要有一次特别隆重的太牢祭祀。

西汉帝后陵园内，围绕着封土四周还分布有数量众多、埋藏丰富的从葬坑。帝王不但生前尽享富贵，还要把物质享受带到陵墓中去。其中的随葬品可谓多不胜数，包括各种葬玉、印玺封泥、礼器、珠玉珍宝、金钱、车马器，还有陶俑、兵器、竹简、生活用具、食物等。尤其是景帝、武帝、宣帝几朝更是达到高峰。据《旧唐书》记载："汉室之法，人君在位，三分天下贡赋，以一分入山陵。"按照这一比例计算，西汉王朝历时210年，埋入皇帝陵墓中的财富便相当于70年的国家财政收入。而从这些随葬品中，也可以得见西汉政治、经济、军事、文化、艺术等各种物质文化和精神文化的杰出成就，从其各代帝王陵陵园形制与随葬品的变化中，也体现出西汉国力的兴衰起落、时代丧葬风俗的流变。

每座帝陵，除了帝后陵园，还会有大量的陪葬墓，有的多达六七十座，墓主多为皇亲贵戚、重臣功臣等人。据著名考古学家刘庆柱先生考证："这些陪葬墓一般分布在陵区东部和北部。如景帝阳陵、武帝茂陵和宣帝杜陵，其东部均有不少陪葬墓，它们以穿过帝陵陵园东门的东西线为中轴，南北分布，这颇似汉长安城未央宫前诸侯朝谒之仪。"因为当时的未央宫是以东门为正门，帝陵陵园仿未央宫修筑，也以东门为正门；也有文献记载"未央宫殿虽南向，而上书奏事谒见之徒，皆诣北阙"，北门是百官、平民"上书奏事之门"，汉代又视未央宫北阙附近为"甲第"，不少权贵被赐宅于此。因此也有陵墓分布在帝陵之北。总之，这些如众星拱月一般的陪葬墓的分布，正是死者生前活动的写照。生前他们迁居于陵北或陵东的陵邑，死后就在陵北或陵东安葬，他们的都城生活又从地上照搬入地下。能够陪葬帝王，对于他们也是莫大的恩宠。这些陪葬墓在帝陵陵区的位置和规模，也说明了他们生前的政治地位，以及与皇室的亲疏远近。

从西汉帝陵的考古来看，修建帝陵已不仅仅是为了满足作为帝王的个人需求，而是上升到了巩固国本的国家战略高度。以刘邦的长陵选址为例，长陵选在离长安以北仅一水之隔的咸阳原，近邻秦朝旧宫咸阳宫，就包含着刘邦作为汉朝开国君主的深谋远虑。

首先，咸阳原东起泾渭交汇，向西止于今咸阳市兴平市，相对高出关中平原，且愈西去原势愈高。原上平坦开阔，土厚水深，道路辐辏，良田万顷，正符合所谓"龙势"。咸阳原南临渭水而北带泾河，可谓好水环绕，充分具备了聚气之条件。"风水之法，得水为上，藏风次之"，咸阳原以其得天独厚的自然地理条件成为西汉诸帝首选的陵域之地。刘邦选咸阳原最高点为陵寝所在，即雄踞咸阳原正对长安的位置上，其南距未央宫前殿仅10多千米，这种帝陵与都城南北相对的方位设计，也体现出将帝陵与都城作为"阴阳二界"统一体的观念。占据风水宝地的巍巍长陵，正如同刘邦这位大汉的开国帝王，以无上的气魄俯视着前朝宫阙，又用关切的目光，注视着仅一河之隔的长安城，为大汉王朝的千秋伟业而殚精竭虑。

其次，刘邦初定天下之时，汉朝羽翼未丰，国力正在从长年的战乱造成的破坏中缓慢恢复，营造长陵需要耗费大量人力物力，选在咸阳原秦咸阳宫旧址边，可以利用尚未完全毁坏的咸阳宫的大量建筑材料，为长陵营造所用，这样可以大大减少长陵营造所需的建筑材料购买和运输的花费，减轻了国力尚弱的汉朝的国家负担。而且咸阳宫的建筑材料除了提供长陵营造，还可以通过渭桥进入长安城，支援正在兴建的未央宫，可谓一举多得。

刘邦将长陵选在咸阳原上，还有一个重要原因，那就是借长陵营造之机，设置陵邑以做京师屏障。西汉前期，威胁其政权的主要来自两个方面：一是以六国旧贵族为主的关东豪族；二是经常南下的匈奴大军。咸阳原正当长安北首，当时通往西北的两条重要交通线，都是从长安出发，渡渭水而逾咸阳原通往西北。帝陵建在咸阳原上，设置陵邑，迁徙大批关东豪族充奉，一方面将这些蠢蠢欲动、梦想复辟的六国旧贵族置于西汉统治者的严密监控之下，以除后患，他们的到来也为关中经济的恢复注入了新鲜血液，为当地人口的增殖起到了巨大作用。可以说设陵邑并徙民是西汉政权缓解经济困顿、财政困难、人力枯竭的重要举措之一。另一方面大量人口迁居咸阳原，无疑为京师长安的北门户增添了一道防御匈奴南侵的坚强屏障。咸阳原五座陵邑和长安城东南的霸陵邑、杜陵邑，与长安城联系紧密，成为中国最早的卫星城市，正所谓"七星伴月"。这种在中心城市周围置建卫星城市的做法，是对中国历史上城市建设布局的重大突破。把帝陵视为京城的一部分，这在陵邑管辖上也有体现。这些供奉皇陵的陵邑先属太常寺管辖，后归属京兆尹，明显表现出与京城浑然一体之势。这样皇帝虽居幽冥，但并未远离京城，仍可以君临天下，庇佑汉祚。刘邦围绕长陵营造的种种设计，足见其雄才大略和长远眼光，使长陵不仅成为帝王千秋功绩的见证和夸示，更成为维护汉朝国家稳定的屏障和保证。

此外，帝王陵寝还是帝王在位时的国力兴衰、时代风貌以及帝王生活、性格的生动写照和具体反映，无论是其营造设计还是所出土的文物，都为我们了解当时的政治、经济、文化、军事、社会生活等方面都提供了不可多得的材料。

以在西汉帝陵中最为典型的阳陵为例，唯我至尊、皇权至上的设计理念在阳陵身上体现得淋漓尽致，成为西汉帝陵的设计标杆，从此奠定了西汉帝陵规制。从阳陵出土文物中，我们还能看到国家的政治机构设置，御府坑中出土的"宗正之印""大官之印""甘泉仓印"等多枚铜印章与封泥，可以推测出汉朝中央政府多部门参与帝陵修建的事实。随葬的大量兵俑气势非凡，表情丰富；独具特色的动物俑形象生动，向人们展示着西汉经过几十年的休养生息，国力已堪称强大，兵强马壮，百姓富足，在帝陵中也能窥见"文景之治"时雄浑壮丽的社会风貌和生活气息。

又如汉武帝一生追求大一统的中央集权理想，其茂陵布局就体现了大汉王朝四海宾服的政治理想，也是刘彻倾力构建的大一统格局的重要成果。他在位期间，一心要征服匈奴，并两次派张骞出使西域，开拓丝绸之路。茂陵陪葬坑埋葬了无数珍宝，其中挖掘出的鎏金天马，造型与大小迥异于汉初杨家湾出土的陶马，明显以武帝时引进自西域大宛的天马为原型。征战匈奴需要有强大的骑兵，发展一支足以对抗匈奴的骑兵部队首先必须有数量充足的上乘战马，所以中央政府很重视马政，西域的优良马种不断引进长安。在征伐出产宝马但又拒绝大汉以财物换马的请求，并杀害汉使的西域大宛成功之后，汉朝获得 3000 匹大宛的汗血宝马。因此，这一鎏金天马也直接表现和见证了武帝时尚武进取的时代精神。

　　帝陵陵址的选择还与昭穆制度及皇帝个人的好恶有很大关系，这就是另葬长安东南的文帝霸陵、宣帝杜陵。文帝由代王而继帝位，在位 23 年，死后入葬霸陵。文帝刘恒与惠帝刘盈同为兄弟，按昭穆制度父为昭，子为穆，刘盈为穆已葬咸阳原陵区，而同为穆位的刘恒只得另辟陵地。另外，文帝崇尚节俭，其葬因山为陵（在白鹿原断崖上凿穴），不起坟，因此霸陵便建在了长安城东南。汉宣帝刘询是汉武帝太子刘据之孙，因巫蛊之祸一门败灭，刘询流落民间，就生活在杜东原上，后来被霍光等辅政大臣迎立为帝，宣帝即位后，对少时生活游玩的这片土地仍心怀眷恋，便将自己生前最喜欢的地方选做了自己永久的归宿之地。

　　如上所述，一座座的大汉帝陵，蕴藏着一个个风云变幻、惊心动魄的时代，展示了大一统大汉帝国的非凡气度和雄厚国力，也奠定了此后两千年来的帝陵文化传统。帝陵是可以不断探索历史奥秘的富矿，每座帝陵都是一本可以不断读出新故事的《史记》。这片辉煌的"东方金字塔"不仅是世人眼中一座座尚未开启的神秘宝藏，还蕴藏着大一统汉帝国的统治智慧、政治密码，一个王朝的兴衰流变之谜，以及中华民族的文化之根，亘古流传的文化基因。巍巍帝陵，皇皇大汉，不只属于已经远去的历史，更属于今天和更远的未来。

西汉十六字方砖

上书"海内皆臣，岁登成熟，道毋饥人，践此万岁"，为皇家建筑专用。意为政治上大一统，风调雨顺五谷丰登，天下百姓不受饥饿流离之苦，如此才能千秋万代，帝祚永续。可谓尽得天时、地利、人和。十六字传递出西汉时期的重要治国思想，这块方砖也由此成为大汉帝国盛世景象的最好见证。现藏于汉景帝阳陵博物院

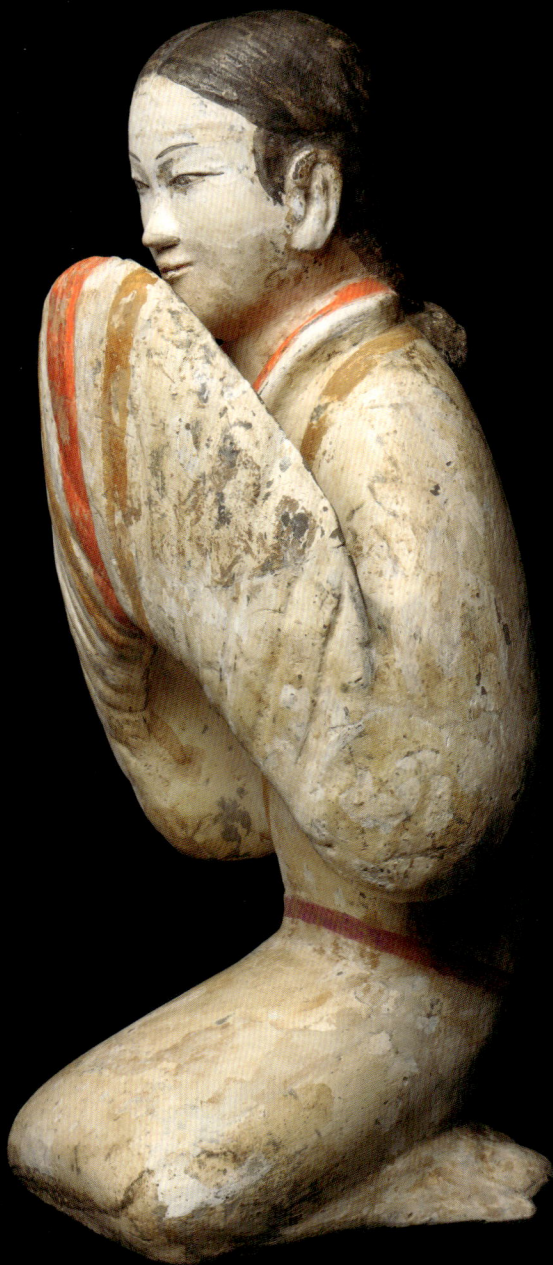

塑衣式彩绘踞（jì）坐拱手女俑

身材比例匀称，发式前额中分，身穿红、白两色的丝绸深衣，双手藏于宽大的衣袖之内，呈拱手半遮面踞坐状。女俑面容清秀，朱唇细眉，鼻梁高挺，鹅蛋脸，含羞微笑遮面，流露出大汉女性美丽含蓄的动人风采，为汉景帝阳陵博物院的镇馆之宝。深衣是一种服饰形制，《礼记·深衣篇》有言："名曰深衣者，谓连衣裳而纯之采者。"即将上衣下裳连在一起的服装，至战国时开始流行。其样式以大袖为多。它是汉代自上而下都可以穿的礼服，也是最为常见的一种服饰，只是通过不同的颜色、质料和配饰来表明身份的不同

长陵陪葬墓出土的彩绘步兵军阵　　现藏于咸阳博物馆

塑衣式彩绘侍女俑

高 51 厘米，发式前额中分，长发至后颈处合拢下垂于背部，在发尾处挽成垂髻，
正是汉代初年流行的堕马髻；面目丰润，表情平和，身材匀称，当是墓主人贴身
侍女形象。现藏于汉景帝阳陵博物院

乐伎俑

手中物品缺失，疑似在演奏乐器。现藏于汉景帝阳陵博物院

鎏金凤鸟铜锺

高达 78 厘米，通体鎏金，里面还盛有 26 千克西汉酒，翠绿清澈，可见其良好
的密封性，是国内现已发现的西汉时期最大的酒具。现藏于西安博物院

彩绘陶钫

现藏于陕西历史博物馆

"汉并天下"瓦当

现藏于汉景帝阳陵博物院

"千秋万岁"瓦当

现藏于茂陵博物馆

汉长安城遗址平面图

引自《中国考古学·秦汉卷》，中国社会科学出版社，2010 年

剖面图 labels: 题凑, 外回廊, 外回廊, 内回廊, 后室, 内回廊, 外回廊, 外回廊, 西, 东

平面图 labels: 外, 外, 内回廊, 题凑, 后室, 回廊, 回廊, 前室, 角, 道

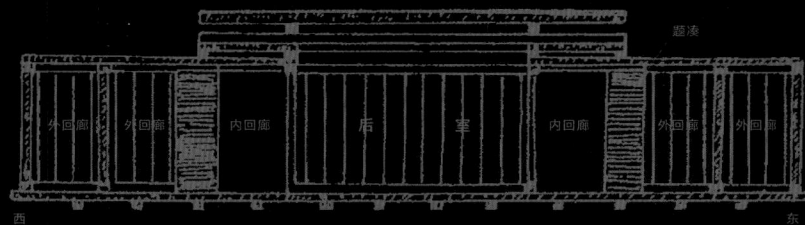

北京丰台大葆台西汉广阳顷王刘建"黄肠题凑"墓平、剖面图

因西汉帝陵地宫均未发掘，但由于西汉时期诸侯王"宫室百官"同制京师，这自然也会影响到其墓葬形制也极力模仿天子之制。所以我们可以借诸侯王墓所使用的"黄肠题凑"来推测帝陵地宫葬具的大致情况。引自《北京大葆台汉墓》，文物出版社，1989 年

阳陵外藏坑遗址

大量的陶俑、车马器与陶缶、陶壶等生活用具，都按出土时的原状保护展示

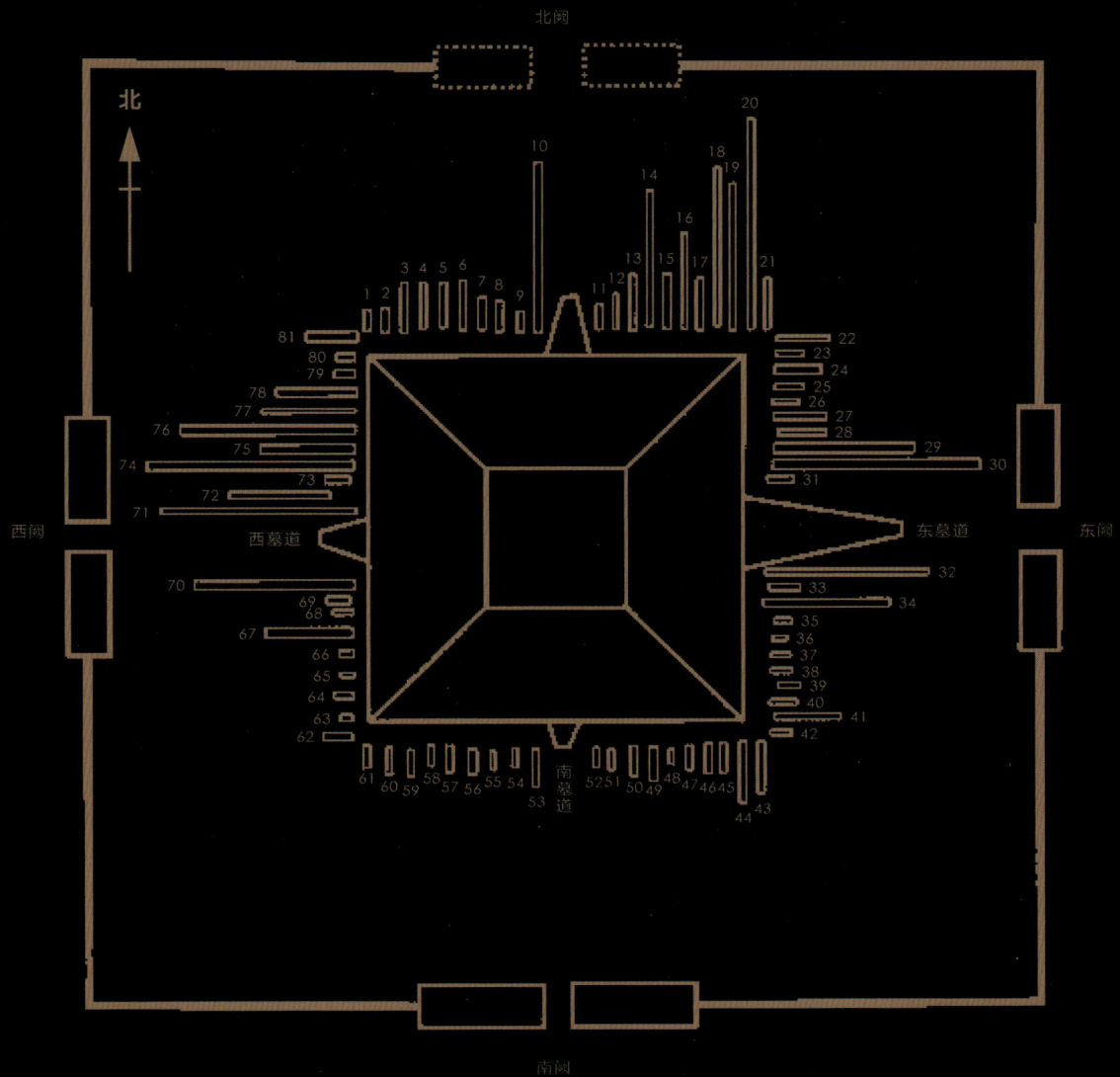

北阙

北

10

20

14 18
19

3 4 5 6 13 15 16 17 21
1 2 7 8 9 11 12
81 22
80 23
79 24
78 25
77 26
76 27
75 28
74 29
73 30
72
71
西阙 东墓道 东阙
西墓道 32
70 33
69 34
68 35
67 36
37
66 38
65 39
64 40 41
63 42
62
61 51 52 44 43
60 59 58 57 56 55 54 50 49 48 47 46 45
53 南墓道

南阙

阳陵帝陵平面图

图中数字指代数量众多的墓道
引自《考古与文物》，2008 年第 6 期

"延年益寿，与天相侍，日月同光"十二字方砖

书体为悬针小篆，内容是汉代特有的吉祥用语。体现了当时人们祈求长生不老、永寿安康的美好愿望，同时也反映出汉代建
筑在实用与装饰的基础上，融入了更多的文化信息和精神内涵。现藏于陕西历史博物馆

龙纹空心砖　砖体长方形，中空。正面纹饰构图采用"喜相逢"格式，以璧为中心，双龙回首顾盼，前爪拱璧。璧的上方和龙的足下各有一对叶形云纹；璧的下方和龙背上方各有一株灵芝草。整个画面，满而不乱，多而不散。流动的云纹，充满生机的灵芝草，祥瑞的玉璧和游龙，构成了一幅生动自然的"二龙拱璧图"。璧为我国传统的玉礼器之一，在战国以后的礼仪活动中，玉璧是用于祭天的礼器。两侧以爪托璧的双龙是通天神兽，其形态是典型的汉代走龙。画面将璧与龙巧妙结合，寓意吉祥。很有可能反映的是汉代天子祭天时的供玉情景，即以双龙做架，龙爪之间供玉璧。现藏于西安博物院

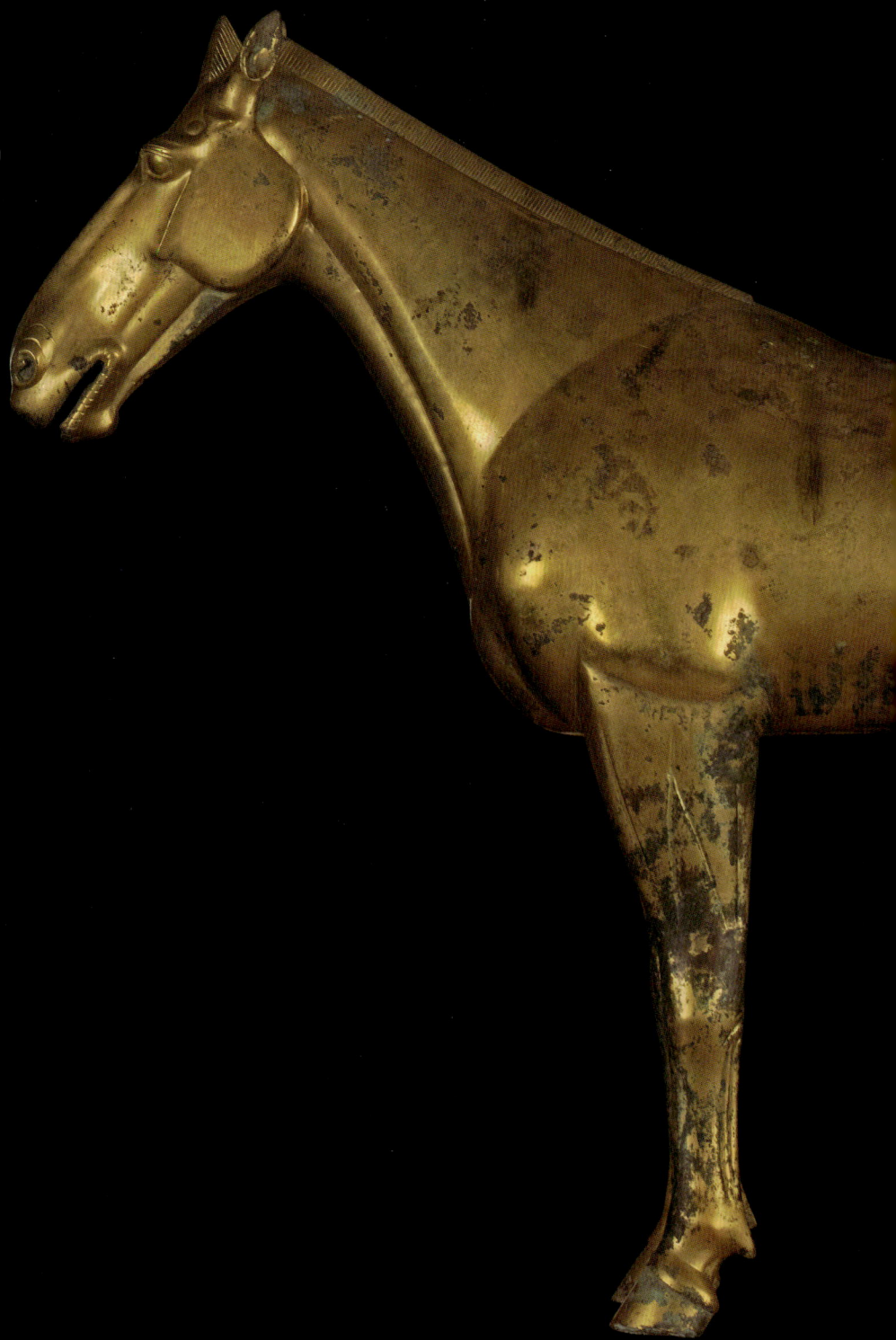

鎏金铜马

高 62 厘米、长 76 厘米、重 25.5 千克，呈站立姿势，肌骨强劲，气宇轩昂，体
态雄健俊秀，头部造型甚为生动，是依据西域大宛汗血马为原型而铸的，为国宝
级文物。1981 年出土于茂陵东侧一号无名冢从葬坑。现藏于茂陵博物馆

汉高祖长陵雄伟的封土堆

西汉帝陵多为"平地起冢"，高大的封土堆像一个反扣在地上的斗

汉 高 祖

刘邦（前 256—前 195）

长陵

公元前202年，
刘邦一统天下，
登基称帝，
开创了大汉帝国的崭新时代。
然而，
这位身经百战、
历经风雨的开国雄主却将自己的寿陵修建在秦朝
咸阳宫之畔。
今天在秦汉新城正阳街道办后排村北，
咸阳二道原南缘，
有两座高大的陵冢，
东西相望，
这就是汉高祖刘邦的陵墓长陵。

1. 刘邦——大汉王朝的缔造者

刘邦（前256—前195），字季，公元前256年出生在沛县丰邑（今江苏丰县）。公元前209年（秦二世元年）9月，在陈胜、吴广起义后两个月，隐身芒、砀间的刘邦，率领数百人返回沛县，杀了县令。父老们请他担任县令。刘邦谦让一番后，同意担任首领，称"沛公"，服从张楚王陈胜的领导。在各家诸侯抗秦的过程中，刘邦先行入关灭秦，立即封存府库，废除秦朝的苛法，与民约法三章，对百姓秋毫无犯，于是深得民心。刘邦随后于公元前206年被项羽封为汉王，并在四年的楚汉战争中一步步扭转劣势，最终在垓下一举击败项羽。

公元前202年，刘邦即帝位于汜水（今山东曹县）之阳，建立汉朝。尔后，听从娄敬的建议，迁往关中，定都长安，取长治久安之意。刘邦仅在位8年，但他在位期间采取了一系列关键性措施，为西汉统治奠定了基础，并且展现出一个开国君主非凡的政治智慧。

刚刚即位的刘邦，面对的是一个经历了长期战乱，内忧外患的国家，国力衰弱，百业凋零，据《汉书·食货志》记载："汉兴，接秦之弊，诸侯并起，民失作业，而大饥馑。凡米石五千，人相食，死者过半。高祖乃令民得卖子，就食蜀汉。天下既定，民之盖藏，自天子不能具醇驷，而将相或乘牛车。"《史记·高祖功臣侯者年表》载："大城名都散亡，户口可得而数者十二三。"甚至，连天子出行都找不到四匹同样颜色的马，将相出行只能坐牛车。

刘邦认识到，能马上得天下，而不能马上治天下。为了尽快改变汉初的人口锐减、社会凋敝、国家面临内忧外患的现状，他接受儒生陆贾的一系列建议，吸取了秦亡的教训，开始采取减轻赋徭、招抚流亡、免奴婢为庶人、鼓励生育等措施，反对残酷、苛刻之法，政令宽缓，避免苛繁扰民，这一系列措施，为汉初的黄老政治拉开了序幕。其目的是与民休息，发展生产。另外，在萧何的协助下，制定《汉律九章》，任用张苍、叔孙通，制定了礼仪、典章制度，并采取了中央集权下郡国制并行的制度。在一系列休养生息的施政方针的指引下，汉初动荡的社会形势很快走向稳定。

为了加强中央集权统治，刘邦又听从娄敬的建议，迁徙了齐国田氏、楚国昭氏、屈氏和景氏，以及燕国、赵国、韩国、魏国的贵族，还让关东豪杰10万余人落户关中。刘邦又先后剿灭韩信、彭越、陈希、英布等异姓诸侯王的叛乱，但分封的同姓诸侯王势力过大，逐渐发展成大汉帝国内部的割据状态，为以后的叛乱埋下了隐患。

在对外军事方面，刘邦曾亲率大军征讨匈奴，却被匈奴单于（chányú）冒顿（Mòdú）设计围困在白登山长达七天七夜，死伤、冻伤惨重，后陈平献计贿赂冒顿单于宠爱的阏氏（yānzhī），汉军才侥幸逃脱。此后，刘邦认识到汉朝暂时无力对抗匈奴，于是采取和亲政策。这一政策虽然出于被迫，但为汉朝初年休养生息、养精蓄锐赢得了充足的时间，有利于经济的恢复与发展。

在刘邦生命的最后一年，即公元前195年，征讨最后一个起兵反叛的异姓诸侯王淮南王英布叛乱归来，路过家乡沛地，与家乡父老累日饮宴。在酒酣之际，刘邦写下了著名的《大风歌》："大风起兮云飞扬，威加海内兮归故乡，安得猛士兮守四方。"刘邦击筑而歌，"慷慨伤怀，泣数行下"。这就是著名的《大风歌》。这首流传千古的歌曲，无疑是一生戎马的刘邦的心声吐露，是一首胜利者的悲歌，其中有着开国君主衣锦还乡、天下归一后的豪情，又表达出对外有强敌、内有隐患的汉帝国前途的深深忧虑。而其身后的一双强母弱子，日渐专权的吕后和性格柔懦的太子刘盈，则更让晚年的刘邦费尽思量。

公元前 195 年，刘邦病死于长安长乐宫，享年 61 岁，葬于长陵。谥号高皇帝，庙号太祖。

2. 长陵高处望长安

刘邦这位历经风雨、身经百战的大汉开国皇帝，在建立新王朝各项制度的同时，也为自己的寿陵修造煞费苦心。刘邦将寿陵的位置选在了黄土深厚、地势高敞的咸阳原上，名长陵。在这里建造长陵有着重大的意义：长陵居高临下，刘邦以一种胜利者的姿态俯视前朝宫殿的废墟，更用关切和期望的眼神注视着子孙后代所居的长安城，这是一位深谋远虑、雄才大略的政治家的历史眼光。长陵的修造，开启了西汉两百年帝陵修建的历史，之后西汉帝陵的故事也将一一登场。

长陵又称"长山"，也叫"长陵山"。刘邦的陵墓以"长"名陵，有两种说法。一是认为"长"具有汉室永存的吉祥之意；二是认为"长陵"是以西汉首都"长安"的第一个字命名的。长陵与长安城隔渭河遥相对峙，南北相距 13.5 千米。晴天丽日，如果站在未央宫前殿遗址的高台上，巍峨的"长陵山"清晰可见。《汉书·地理志》记载："长陵，高帝置。"可见刘邦生前已为自己选址，修建了陵墓。

整个长陵陵区由帝后陵园、长陵邑和功臣陪葬墓三大区域组成。长陵附近曾经出土过属于西汉时代的"长陵西当""长陵东当""长陵西神"文字瓦当，证实这里的陵墓确为长陵。

长陵东西并列着两座陵墓，为高祖和吕后的陵墓。高祖陵封土为覆斗形，底部东西 153 米、南北 135 米，顶部东西 55 米、南北 35 米，封土高 32.8 米。吕后陵在高祖陵东南 280 米，封土形状与高祖陵相同。其封土底部东西 150 米、南北 130 米，顶部东西 50 米、南北 30 米，封土高 30.7 米。

尤为值得一提的是，吕后的墓规模高度与高祖墓相差无几，而且帝后共用同一个陵园，最直观地说明了吕后在汉朝建国初年，特别是在高祖刘邦逝世后为巩固和稳定大汉王朝所起的作用和影响非常巨大。刘邦称帝 8 年间，吕后协助刘邦，镇压叛逆、打击割据势力，与萧何谋斩韩信于钟室，在洛阳诛彭越，夷三族，"佐高祖定天下"，对巩固汉朝统一政权起了重要作用。

刘邦死后，惠帝即位，尊吕皇后为太后。惠帝死后，吕太后又临朝称制。公元前180年（高后八年），吕后死于未央宫，与汉高祖合葬长陵。

在刘邦临终前，吕后曾问刘邦身后国家大计的安排。她问萧何死后相国谁可继任，刘邦嘱曹参可继任，曹参后有王陵、陈平，但不能独任，周勃忠诚老实、文化不高，刘家天下如有危机，安刘氏天下的必是周勃，可任太尉。此后，吕后虽实际掌握汉家大权长达15年时间，却遵守刘邦临终前的遗嘱，相继重用萧何、曹参、王陵、陈平、周勃等开国功臣。又推行约法省禁、与民生息的政策；对匈奴采取和亲政策，使边境安定。这些政策的实施，缓和了新生的西汉政权的内外矛盾，刺激了生产发展，增强了西汉帝国的国力。因此，《史记》也对吕后有着正面的评价："孝惠皇帝高后之时，黎民得离战乱之苦，君臣俱欲休息乎无为，故惠帝垂拱，高后女主称制，政不出房户，天下晏然。刑罚罕用，罪人是稀。民务稼穑，衣食滋殖。"吕后在刘邦生前及死后所起到的稳定汉室政权的政治功绩，毫无疑问也配得上身后几乎与帝王同等的厚葬规格。

3. "徙齐诸田"于长陵

在长陵以北，刘邦建长陵邑，因陵邑属县级行政单位，又称长陵县。陵邑之制源于秦代，秦始皇在修建自己的寿陵时，曾营建丽邑以繁荣和促进陵邑地区的经济和文化发展，公元前221年，秦始皇徙三万户于丽邑。秦始皇开创的帝王陵墓附近设置陵邑的做法，为西汉王朝所承袭。只是到了西汉晚期，由于社会矛盾加剧，汉元帝下令废除为帝陵置邑徙民的传统做法。以后，至西汉王朝灭亡，诸帝陵再没有营筑陵邑。

西汉帝陵陵邑的作用，与秦代有所不同。秦代帝陵陵邑主要是为了搞好帝陵修筑工程而设置的，而西汉帝陵陵邑作用有三：一是为了供奉陵园。这对后世影响相当深远，唐代帝陵已不设陵邑，但仍规定"每陵取侧近六乡以供陵寝"（《旧唐书·礼仪志》）。这个制度一直延续到封建社会灭亡。二是迁徙关东大族、达官巨富，消除不安定因素，巩固中央统治，同时也繁荣陵邑附近地区的经济和文化。这是西汉统治阶级对秦代徙民政策的发展。三是突出执政皇帝的权威。西汉皇帝一般预建寿陵，同时营建陵邑。在执政皇帝的陵邑中，当时朝廷的达官显贵和社会名流云集。随着皇帝的更替，权贵和名流又迁居新皇帝的陵邑，这无疑有助于强化皇帝本人至高无上的权威。

长陵邑遗址在今秦汉新城正阳街道办韩家湾村以西，汉高祖长陵之北。长陵邑的城址呈长方形，南北长2200米，东西宽1245米，面积巨大，今天的长陵邑已经淹没在历史的洪流之中，只有地面上保留的南、北、西三面城墙还依稀可辨。

长陵邑内有官署、市场和里居，陵邑中的居民主要为关东各地的旧贵族和新官宦，主要以齐地为主。公元前 198 年（高帝九年）从关东迁徙到关中来的 10 余万人，其中相当一部分就住在长陵邑。近年来，长陵曾出土了许多齐地风格的瓦当，均为西汉之遗物，应是高祖"徙齐诸田"于长陵的佐证。长陵邑的徙民不但在政治上享受殊遇，而且在经济上也得到了中央政府"与利田宅"的奖励，这在"贾亩一金"的关中，是一笔极大的财富。

4. 附葬垒垒尽列侯

在西汉 11 帝陵中，长陵的陪葬墓数量是最多的。1970 年调查时保存封土的有 70 余座，现地面残存封土的仍有 40 多座。站在长陵的高大封土之上向东望去，只见大大小小的坟墓，西起长陵，东至泾河南岸的原上，东西绵延约 7500 米，集中分布在秦汉新城正阳街道办杨家湾、西史村、徐家寨，以及泾河新城高庄镇新庄村。长陵陪葬墓多为南北方阵排列，成组分布。长陵陪葬墓的封土，从外形上看有三种形式：覆斗形、圆锥形和山形。不但形状不一，封土大小也不一样。长陵的陪葬者大都是当时的达官显贵。正像唐朝末年刘彦谦《长陵》诗所描述的："长陵高阙此安刘，附葬垒垒尽列侯。"这些高大的陪葬墓分布于长陵以东司马门外的神道两侧，南北向排列，位次排列有序，犹如诸侯大臣朝谒天子时的阵容。他们之中有萧何、曹参、周勃、周亚夫、王陵、张耳、纪信、田氏（田蚡、田胜）及平原君，此外还有一些豪门巨室等。这些墓主大都是随刘邦一起打天下的功臣，后均以功德而被封王侯。从这些陪葬墓墓主的身份上，可以看出西汉帝国初年的政治权力格局。正如考古专家马永赢所说"陪葬墓是另一种形式的分封制"。因为刘邦以一介平民之身登上帝位，一直对列侯功臣心存戒备。因此辞世前还下诏，一再强调自己分封诸侯的做法无负于功臣，告诫他们不要对帝位有非分之想。一旦出现背叛者，希望他们能起来共同保卫汉室。"帝陵作为帝国的延伸，让汉室以陪葬墓的方式再行分封，无疑又一次彰显了高祖之'德'"。

萧何墓

萧何（前 257—前 193），沛县人。早年任秦沛县狱吏。公元前 209 年随同刘邦起兵，为沛丞。攻克咸阳后，诸将皆争夺金银财宝，萧何却忙于接收秦丞相、御史府所藏的律令、图书，使刘邦得以掌握全国户口、民情和地势，对日后制定政策和取得楚汉战争的胜利起了重要作用。

刘邦被封为汉王后，萧何极力劝说刘邦以巴蜀为基地，与民休息，招纳贤才，然后还定三秦，再与项羽争夺天下，并举荐韩信为大将军。楚汉战争时，萧何以丞相专任关中事，他侍从太子，为法令约束，使关中成为汉军的巩固后方。楚汉相持于荥阳、成皋时，刘邦屡遭挫败，失军亡众，军无钱粮。萧何及时调遣关中兵卒驰援，并转漕供给军用，保证了前线兵员粮饷的供应，促使战局发生了根本转机。因此，刘邦称帝后，论功行赏，定萧何为首功，封他为酂侯，食邑最多。刘邦又以原定的三章约法不足以"御奸"，命萧何重新制定律令。萧何采摭秦法，酌加新律，作为《九章律》。在政治思想上，萧何主张清静无为，喜好黄老之术。这一思想后又为其继任者曹参所承续。

公元前 196 年（高帝十一年），萧何因助吕后定计收捕淮阴侯韩信，被拜为相国。高祖去世后，萧何又继续辅佐惠帝。他病危时，推荐曹参继任相国。萧何卒于公元前 193 年（惠帝二年），葬于长陵陪葬区内最显要的位置——长陵东司马门道北边，西邻长陵，今徐家寨双冢即为萧何墓。

曹参墓

曹参（？—前 190），字敬伯，沛县人，秦时为沛狱掾。公元前 209 年（秦二世元年），陈胜、吴广农民起义后，沛县吏民响应，曹参等拥立刘邦为沛公，他被推为中涓。刘邦初起，曹参随其左右，屡建战功，戎马一生，"身被七十创，攻城略地，功最多，宜第一。"（《史记·萧相国世家》）

楚汉战争结束后，刘邦拜曹参为齐相国，辅佐齐王刘肥。他至齐后，采纳贤士方略，全面推行黄老政治，"相齐九年，齐国安集"。公元前 193 年，萧何去世。曹参直接任汉相国，施政办事，一仍旧制，史称"萧规曹随"。

公元前 190 年（惠帝五年），曹参去世。百姓歌颂他的功劳："萧何为法，斠若画一。曹参代之，守而勿失。载其清静，民以宁一。"（《史记·曹相国世家》）百姓歌颂，是因为经济得到恢复，百姓"衣食滋殖"。曹参去世后，也被赐葬于长陵东司马门道之北，位于萧何墓附近。

周勃墓

周勃（？—前 169），祖籍卷县，即今河南原阳县（旧原武县）人，后迁居于丰邑城东落户，是汉高祖刘邦的同乡。公元前 209 年（秦二世元年）9 月，出身贫苦的周勃参加了刘邦领导的丰沛起义。此后，他作为一名骁勇善战的将军，南征北战，驰骋疆场，为汉王朝的建立和巩固屡建奇功。从三年的反秦起义，到四年的楚汉相争；从平定臧荼、卢绾、韩王信、陈豨等人的叛乱，到铲除诸吕维护汉室稳定，每一个重要的历史关头，都有他的赫赫战功。在刘邦的布衣将相群中，周勃以其"重厚少文""木强敦厚"，深得刘邦的信任，临终时曾预言"安刘者必勃"。事后，不出刘邦所料，公元前 180 年（吕后八年），诸吕图谋篡汉时，周勃挺身而出，利用手中的兵权和威望，在陈平等人的协助下，一举诛杀诸吕，稳定了汉室。汉文帝刘恒继位后，周勃被封左丞相，居陈平之上。他自知能力有限，并担心因功高盖主而惹祸，故在任左丞相月余后自动请辞，回到其封地绛城（今山西省侯马市东北）安度晚年。公元前169年（文帝十一年），周勃病逝于封地，谥为武侯。

周勃墓位于汉高祖长陵的东部，今秦汉新城杨家湾村北。20世纪60年代中期，考古工作者在发掘长陵陪葬墓时发现了周勃、周亚夫父子墓葬。70年代，考古工作者曾对此墓进行了长达五年之久的发掘，出土各类陶器3000余件，是西汉帝王陪葬墓中最具代表性的一座。

戚夫人墓

戚夫人（？—前194），定陶（今山东省定陶县西北）人，是刘邦的一位妃子。楚汉战争期间，刘邦在一次战役中兵败定陶，在走投无路之时，戚夫人的父亲把刘邦藏在女儿的闺房中，才使刘邦脱险。刘邦为了感谢戚氏的救命之恩，娶其为妃，并当面约定：他日如吾意愿，得有天下，封你为皇后，立子为太子。在战火纷飞的年代里，戚氏跟随刘邦转战南北，几陷重围。后来戚夫人生子，取名如意。乃取当初所约如吾意愿之意。刘邦称帝后，初封如意为赵王，封戚氏为夫人。刘邦曾有心立如意为太子，吕后百般阻挠，后用张良之计，让太子拜德高望重的"商山四皓"为师，刘邦知道太子羽翼已成，难予废立。刘邦去世后，吕后的儿子刘盈继立为惠帝。吕后对戚夫人怀恨在心，想方设法把赵王如意毒死，又砍去戚夫人的手足，挖去双眼，熏聋耳朵，迫服哑药，使她成为眼瞎耳聋的哑巴，居于厕中，称为"人彘"，还邀请儿子惠帝前来观看，使其受到巨大的刺激，从此惠帝消极度日，不问朝政。史载他曾于事后派人告诉吕后："此事非人所为。臣为太后子，终不能治天下。"以此表达他的愤怒和无力。公元前194年，戚夫人被吕太后折磨而死。

在吕后陵南边，即柏家咀原头上，有一座墓，便是戚夫人墓。戚夫人之子赵王如意墓在秦汉新城正阳街道办白庙村之南、安陵以东。

5. 与秦俑各具风采的汉俑军阵

1965年8月24日，咸阳市区以东约25千米的杨家湾村村民在村北平整土地时，偶然发现了几件彩绘陶人、陶马。这里为汉高祖刘邦长陵陪葬墓区，大小墓冢，放眼皆是。随后经陕西省文物管理委员会、咸阳博物馆联合进行抢救性的发掘和清理，一个沉寂地下两千多年的西汉兵马俑军阵，就这样破土而出，呈现在世人面前。

杨家湾汉墓位于今秦汉新城正阳街道办杨家湾村北，是汉高祖刘邦长陵4、5号陪葬墓所在地，汉代称为"周氏陵"，是周氏家族茔地，学者们推断这两座汉墓的主人应该是西汉大将军周勃或周亚夫夫妇。周勃、周亚夫父子，《史记》《汉书》皆有传记。周勃追随刘邦定天下，辅佐惠帝，诛杀诸吕，迎立文帝登基。其子周亚夫，治军严明，平定"七国之乱"。

经考古发掘，长陵4、5号陪葬墓南北并列，形制相似，均有封土。疑其南较大者（4号墓）为夫墓，北面较小者（5号墓）为妻墓。

考古工作者发现两墓玉片各200余枚。玉片有三角形、梯形、长方形、菱形等，质料较好，有白玉、碧玉等。个别玉片的四角小孔内还残留有银丝，推断上述玉片应为"玉衣"的一部分，死者应该身穿"银缕玉衣"。

1965年，考古工作者曾在4号墓南约70米处清理兵马俑坑11座，其中骑马俑坑6座、步兵俑坑4座，分左右两列，前后5排，都是带竖井坑道的洞室；共有骑兵俑580多件、步兵俑1800多件、乐舞杂役俑100多件。另有战车坑1座，居两列之间，已被扰乱。此外，坑内还有盾牌模型410件、鎏金车马饰1100件，各种蚌、骨、陶、铁器55件。

位于4号墓前的那些骑兵马俑和步兵俑，象征着为死者送葬的军队。那些乐舞俑则是送葬的仪仗队。在东、西两排送葬军队和仪仗队中间的那座车坑，则应是"指挥车"，这种安排反映了汉代军队的送葬制度。杨家湾汉墓附近陪葬坑中的兵马俑，还反映了当时军队各种兵种的构成情况。在11个陪葬坑中，骑兵俑坑就有6个、步兵俑坑4个，战车坑仅1个。这表明骑兵在当时军队中是一个重要的兵种。车战已过时，仅有1辆战车，应为统帅的指挥车。

这些兵马俑虽然形体较小，但数量众多，排列整齐，兵种分明，职能明确，而且造型生动，彩绘鲜艳，刻画逼真，比例匀称，神态各异，栩栩如生，体现出西汉时期楚文化的细腻艺术特征。因而无论从考古价值还是从艺术价值来讲，汉兵马俑都与秦始皇兵马俑一样，是不可多得的艺术珍品。从中我们可以想见那长达5000米的送葬军队"玄甲耀日，朱旗绛天"（班固《封燕然山铭》）的盛大场面，让我们了解西汉前期的历史和文化，为研究西汉时期的丧葬礼仪、军事制度和雕塑艺术提供了珍贵的实物资料。这是中国境内首次发现的大规模兵马俑集群，成为当时震惊海内外的重大考古发现。

皇后之玺

玉玺印面为正方形，上雕一只螭（chī）虎形象做纽，四面刻有云纹，印面篆书"皇后之玺"四个字，书体流畅，刀法自然娴熟，可见当时的篆刻艺术已达到了高超的水平。此玉玺质地为新疆和田的羊脂玉，温润洁白、有着凝脂般的光泽，极具观赏性。玉玺发现于距汉高祖与吕后合茔长陵西南约1000米处，应为吕后之物。是迄今为止我国发现的两汉时期等级最高且唯一的一枚皇后玉玺。国宝级文物。现藏陕西历史博物馆

长陵瓦当

包括"长陵东当""长陵西当""长陵西神"文字瓦当，证实了这里的陵墓确为长陵。在长陵附近出土。现藏于陕西历史博物馆

"长乐未央"文字瓦当

长乐宫和未央宫为西汉时期最主要的宫殿。长乐未央瓦当出土多种,一般皆圆形,中为乳丁纹,以单线或双线十字分割。"长乐未央"系古人泛用吉语,并非专指长乐未央两宫。现藏于汉景帝阳陵博物院

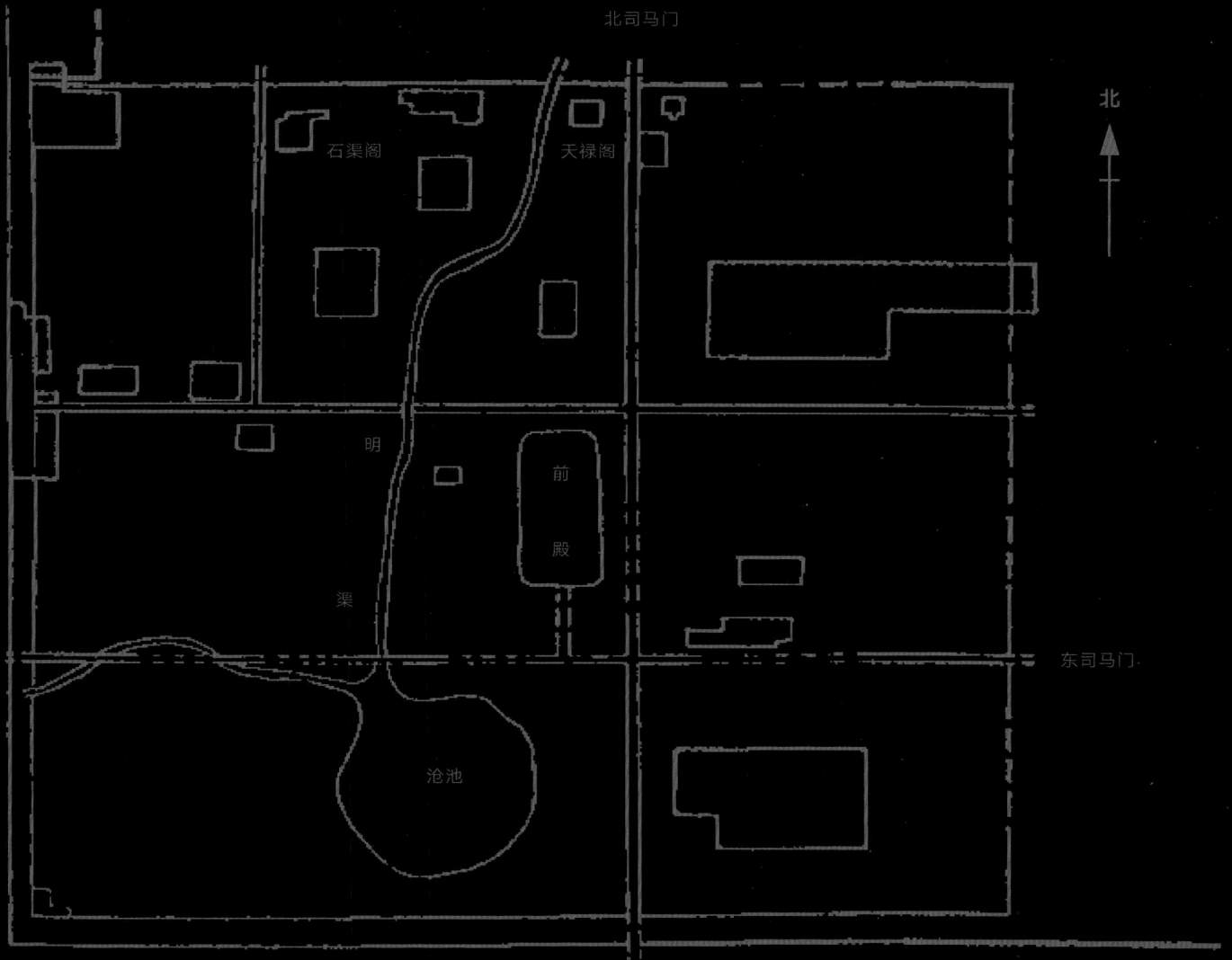

汉长安城未央宫遗址平面图

引自《宫殿考古通论》，杨鸿勋著，紫禁城出版社，2009 年

"尚方"镜

这面"尚方"铜镜铭文中的"尚方"一词,是秦汉时专为统治者制造刀剑等器械的部门。《前汉书•百官公卿表》载:"少府之下有尚方令一人,御用及官制铜镜均由尚方制作。"汉代政府设专官管理铜镜的制作,所产铜镜在当时铜器工艺生产中所占比重最大、传世最多,种类也最丰富。

这面尚方镜为圆钮，四叶纹钮座，座外方框内排列十二地支铭，内区分为青龙、白虎、朱雀、玄武及鸟、兽、羽人等。外区自内向外依次为一圈铭文带，一圈三角锯齿纹，一圈流云纹。铭文为祈求长乐富贵，体现汉代人宇宙观的七言诗："尚方作竟（镜）大毋伤，巧工刻之成文章，左龙右虎辟不羊（祥），朱鸟玄武顺阴阳，子孙备具居中央，长保二亲乐富昌，寿敝金石如侯王。"现藏于陕西历史博物馆

陕西历史博物馆所藏西汉铜镜

铜镜是古人一种日常生活用品，正面平滑光泽，背面一般铸有花纹或字铭。汉代是铜
镜发展的高峰期，式样丰富，制作精巧，具有体薄、平边、圆钮等特点。镜背纹饰尤
其丰富多彩

彩绘袍服长甲指挥俑

高级指挥俑，在军队里的地位相当于将军。身穿四重衣，头戴绘有白色桃形的褐
色武弁，足登高靿彩色绣花靴，靴上绘有精美的云纹图案。现藏于咸阳博物馆

彩绘步兵俑

俑高 50 厘米左右。俑头系巾，下有结带。腿扎行縢；左手持盾，右手空拳半握，作持兵器状（盾、兵器已失）。俑的背后有一箭囊。部分俑身穿黑色铠甲。1965 年杨家湾汉墓出土。现藏于陕西历史博物馆

阵容整齐的彩绘骑兵俑军阵

形象地说明当时西汉骑兵的强大，当时的骑兵已经完全取代车兵，成为主要的
作战力量。这个转变具有军事史上划时代的意义，汉朝正是依靠骑兵取得了对
匈奴作战的胜利。现藏于咸阳博物馆

杨家湾汉墓出土彩绘骑兵俑

通高 60 厘米左右。骑手双目圆睁，头戴武弁，下施赤帻，穿短襦，上身挺直，
右手握拳举于胸前，左手握拳作持缰状。马通身施绛红色彩，腰短颈长，四腿挺
立，牙齿俱全，昂首翘尾作嘶鸣状。现藏于咸阳博物馆

彩绘持盾俑、陶盾牌、彩绘戴冠长甲扛械俑、彩绘执旗俑（从左至右）

现藏于咸阳博物馆

彩绘扁身女立俑

现藏于陕西历史博物馆

遥望汉惠帝安陵封土

二

汉 惠 帝

刘盈（前 210—前 188）

安 陵

在秦汉新城正阳街道办白庙村东南，

一座荒凉的大墓已经伫立了两千多个春秋，

这座陵墓的主人，

是一位年轻的皇帝，

他就是汉惠帝刘盈。

安陵是汉惠帝刘盈与孝惠张皇后的合葬陵。

1. 刘盈——柔懦的少年天子

刘盈（前 210—前 188）是高祖和吕后之子。6 岁时被汉王刘邦立为王太子。楚汉战争结束后，刘邦称帝，立刘盈为皇太子。公元前 195 年（高帝十二年），高祖去世，刘盈即位，是为汉惠帝。"惠"有"仁慈、柔顺"的意思，这个谥号可谓概括了刘盈的一生。

惠帝在位时间虽然仅仅 7 年，但并非庸碌无为。在此期间，他任用曹参为相国，继续执行刘邦、萧何时期制定的休养生息的政策；继续与匈奴和亲，稳定边境形势。尤为值得一提的是，他在位期间，废除了秦始皇以来钳制思想文化发展的《挟书律》，使民间藏书事业合法化，百姓可以自由抄写、阅读、收藏、传播《诗》《书》《礼》《易》《乐》《春秋》等历史文化典籍和开展相关的文化活动，推动了文化的复兴和发展，为百年后《史记》的出现创造了条件。

惠帝还有一项重要的功业就是修筑长安城。在长安城的建设中，他继高祖建立长安城大市（即东市）以后，又于公元前 189 年（惠帝六年）修建了西市，完成了长安城主要商业市场的建设。惠帝还把皇宫从长乐宫移至未央宫，由此终西汉一代，未央宫成为天子之皇宫。长安城城墙的修建，也是惠帝在位期间完成的。长安城的大体格局，惠帝时期已基本确定下来。

年轻的惠帝本来可以有更大的作为，却处处受制于其母吕太后，后因吕后残酷迫害刘邦生前的宠妃戚姬，使其精神上受到巨大刺激，遂"日饮为淫乐，不听政"（《史记·吕太后本纪》）。公元前 188 年，在抑郁中挣扎的惠帝病死，年仅 23 岁。死后葬于安陵。惠帝死后，吕太后又执政 8 年。这前后 15 年，是汉王朝从建国到文景之治的过渡时期、奠基时期，从而在历史上占有重要地位。不论是惠帝还是吕后，在位期间都执行了与民休息、清静无为的黄老政治，汉朝经济得到进一步恢复和发展。

惠帝的皇后名张嫣，是刘盈的姐姐鲁元公主和张敖之女。刘盈与张嫣是甥舅婚。对于这门亲事，吕后主要是从政治方面考虑的。这无论对于年轻的惠帝还是张皇后来说，都无疑是一桩不能自主的婚姻悲剧。惠帝死后，吕太氏临朝。8 年后，吕太后驾崩，吕氏家族被重新崛起的刘氏家族剪灭，孝惠张皇后也不幸受株连，汉文帝即位后，尊其母薄姬为皇太后，张皇后被"废处北宫"。公元前 163 年（后元元年），命运多舛的孝惠张皇后去世，草草葬于安陵。

2. 生前郁郁，死后哀荣

惠帝在位仅仅 7 年，短短一生却始终郁郁不得志，活在母亲吕后的阴影下，因为不满吕后杀赵王如意、摧残戚夫人的残暴行径，只有整日用歌舞麻痹自己。在他去世后，大概是出于一种对早逝儿子的补偿心理，吕后从关东迁徙了"倡优乐人五千户"来充实安陵邑，因此安陵邑又称"女啁（zhōu，鸟叫声）陵"。这么多"倡优乐人"，可能是为了让过早离开人世的惠帝在阴间能继续欣赏歌舞，也可能是作为母亲的吕后对自己的儿子一种难得的亲情流露。

而惠帝去世后继续专权的吕后，又为儿子精心修建了规模格外浩大的陵园。据悉，安陵陵园东西长 940 米、南北长 840 米、面积近 80 万平方米，根据已发表的西汉帝陵资料，安陵的陵园面积是西汉 11 帝陵中最大的一个，如今，安陵的封土依然高大完整。这样气势恢宏的安陵陵园，同它的主人惠帝短暂而失意的一生，其间也有着难以言喻的错位，让后人不禁为这位失意皇帝的身世唏嘘感怀不已。

安陵封土底部和顶部均为长方形。底部东西长 170 米、南北长 140 米，顶部东西长 65 米、南北长 40 米，封土高 25 米。惠帝陵西北 250 米处有一墓冢，便是孝惠张皇后之墓。惠帝死时，张皇后才年近 12 岁，36 岁时便早早离开人世。张皇后在吕氏宫廷政变失败后，虽被迫"退处"北宫，但皇后之名并未废，因此死后能够合葬安陵。然而，她毕竟不同于其他皇后，所以虽合葬安陵，但"不起坟"。现在地面上的坟丘为后代所建，且不合西汉帝陵帝西后东的常规，位于帝陵西北方。大概是因为她下葬时，安陵的整体布局早已定型，帝陵封土距陵园东墙仅 287 米，在这样狭窄的空间里还要安置帝陵的主墓道，根本没有后陵的空间，只能葬在西边，因此不起坟丘，以让尊位。这个墓冢规模虽小，但仍为覆斗形，底部东西 60 米、南北 50 米，顶部边长 20 米，封高 12 米。安陵陵园与长陵陵园相同，是帝、后共用一个陵园。与封土高大的惠帝陵相比，张皇后陵显得十分矮小，可以从中想见她一生孤苦的命运。

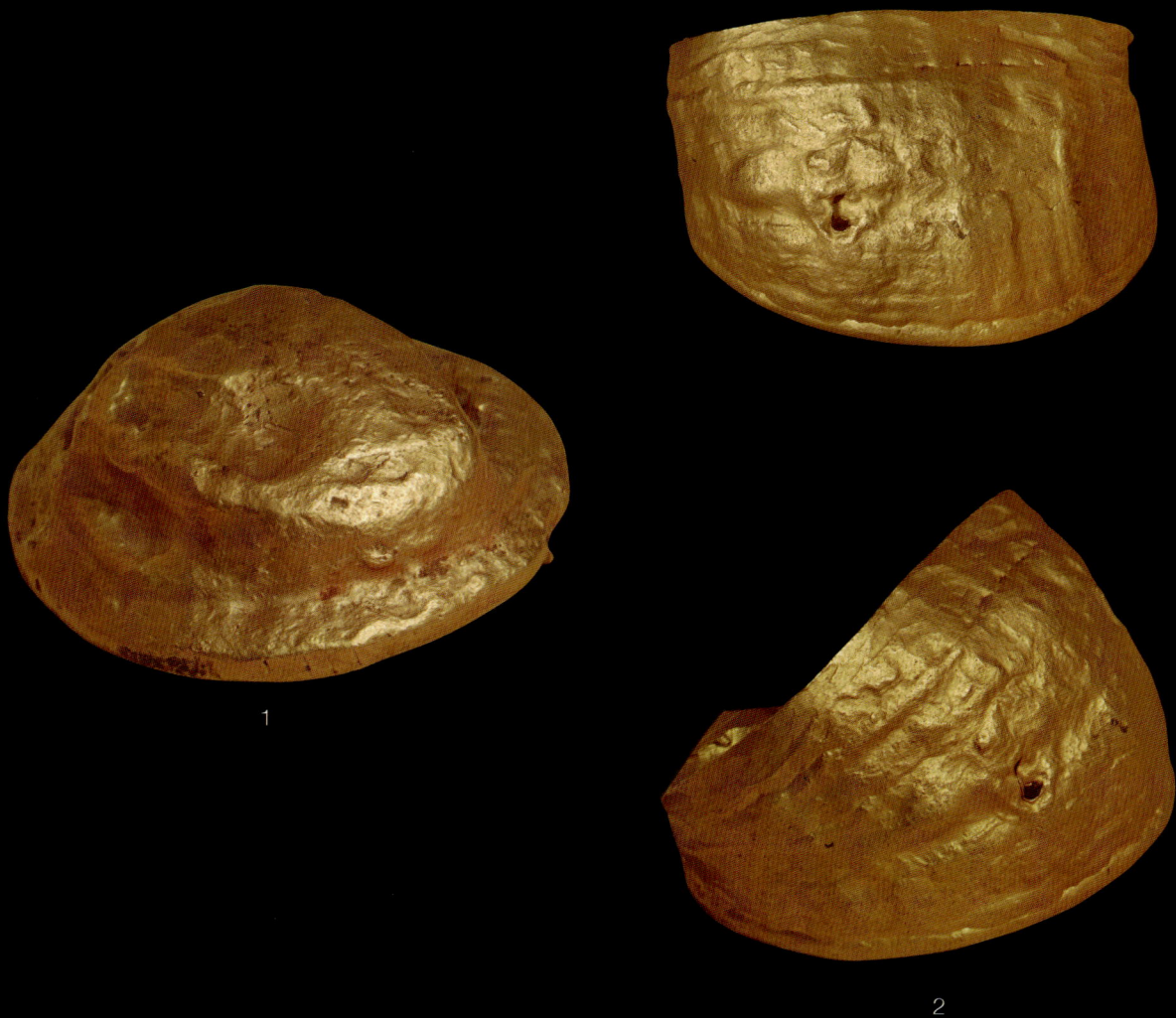

1. 麟趾金　2. 马蹄金　3. 鎏金铜铺首

西汉盛行黄金，黄金货币的形式有马蹄金、麟趾金、金饼和金五铢等，其中马蹄金和麟趾金出土较少。马蹄金呈椭圆或圆形，底凹，中空，形似马蹄。麟趾金是仿瑞兽麒麟之足所铸，呈圆形或不规则圆形，背面中空，口小底大，形如圆形兽蹄。一般用作帝王赏赐、馈赠等。现藏于陕西历史博物馆

3

数量庞大的金饼

现藏于陕西历史博物馆

1

2

1. 鹰虎相斗纹铜带饰
2. 青铜卧鹿

1. 匈奴是北方一支强悍的游牧民族，他们"食畜肉，衣皮革"，过着逐水草而居的生活，因此他们的随身用品及饰品都较为小巧轻便，利于携带。这件鹰虎相斗纹铜带饰是典型的匈奴文物，镂空和透雕及动物的形象是游牧民族最普遍、最常用的装饰手法。西汉初年，匈奴兴盛于大漠南北，成为西汉王朝最为强劲的对手。这件文物也反映了匈奴骁勇豪气的民族特质。现藏于陕西历史博物馆

2. 现藏于陕西历史博物馆

3

4

3. 银虎

4. 银卧鹿

3. 通高 7 厘米，长 11 厘米，用银片锤压成型。虎作低头行进状，虎爪充满力
度，身体均匀的凹凸线条使银虎看起来真实灵动。善于表现动物题材是匈奴
文物的一大特点，因为对于草原游牧民族来说，动物既是生产资料，又是生
活资料，这与他们的生活环境和民族习俗有关。现藏于陕西历史博物馆

4. 现藏于陕西历史博物馆

金怪兽

此物出土之地毗邻鄂尔多斯草原，属秦始皇时使蒙恬收复的"河南地"，自战国至秦汉属匈奴长期的
驻牧之地，留下许多匈奴文化遗存。本件文物采用了铸造、焊接、透雕和浮雕等工艺制作而成。之所
以称其为怪兽，因为它是多种动物的集合体：身体似羊，嘴似鹰，角似鹿，蝎形尾，四蹄立于花瓣形
托座上。人们不知它究竟是什么动物，所以称为"怪兽"。

因山而建的霸陵

三

汉文帝

刘恒（前 202—前 157）

霸陵

"箫声咽，

秦娥梦断秦楼月。

秦楼月，

年年柳色，

霸陵伤别。

乐游原上清秋节，

咸阳古道音尘绝。

音尘绝，

西风残照，

汉家陵阙。"

李白这首《忆秦娥》中提到的"汉家陵阙"就是指

霸陵，

霸陵并不在帝陵汇聚的咸阳原上，

而是位于长安城东南，

今西安市东郊白鹿原东北隅，

即灞桥区席王街道办毛窑院村。

1. 刘恒——"文景之治"的奠基者

刘恒（前202—前157）是"文景之治"的奠基者。吕后死后，吕氏势力试图夺取政权，太尉周勃与丞相陈平谋划，一举消灭了吕氏势力，迎立高祖之子代王刘恒为帝。一连串的偶然因素，使刘恒在不被看好的情况下，由代王身份而入未央宫。

刘恒之所以能登上帝位，要归功于他长期低调谦逊，不争名位的表现，他此先主动远离政治斗争的旋涡，使吕后放松戒心，从而躲过诛杀。在诸吕覆灭后，朝中对吕氏擅权仍心有余悸的元老重臣们，一致推举仁孝宽厚、谦逊克己的刘恒为皇帝，提出"视诸王最贤者立之""代王方今高帝见子最长，仁孝宽厚；太后家薄氏谨良。且立长固顺，况以仁孝闻于天下"（《史记·吕太后本纪》）。他们认为代王刘恒不仅在高祖亲生儿子中排位最长，而且一贯以仁孝著称，其母亲薄氏也善良温厚，因此如果刘恒当上皇帝，汉朝就不会再出现拥尊自立、外戚专权的局面。刘恒在得知大臣们要他继位时，并没有得意忘形，而是犹豫再三，在经过几个月的思考、考察后，他才来到长安，"西乡让者三，南乡让者再，遂即天子位，群臣以礼次侍。"（《资治通鉴·汉纪》），在大臣们三番五次的请求下，才同意继位。刘恒可谓是以谦恭不争之德赢得天下。在吕氏专权多年，汉家天下命悬一线之际，他临危受命，挽狂澜之既倒，扶大厦之将倾，成就了帝王事业，并跻身于中国古代明君之列而载入史册。

文帝为人仁德宽厚，清净恭俭，善于纳谏，肯反躬自省。有人把他的治国之道概括为"克己欲抑己恶，旧兼新尽臣才"。他登基的第一年，召贾谊为博士，第二年初，下诏举荐贤良方正能言极谏者，颍阴侯随骑贾山上《至言》，博士贾谊上《论积贮疏》，由此开始，汉文帝或通过举贤良征辟，或直接咨询，或间接考察，起用了一大批新人。

文帝还继续推行汉初的轻徭薄赋，与民休息的政策。他认为农业是天下的根本，为了劝农耕种，文帝还亲自耕作，以作表率。曾下诏曰："夫农，天下之本也，其开籍田，朕亲率耕，以给宗庙粢盛。"文帝二年，又诏曰："农，天下之大本也……其赐天下民今年田租之半。"（《汉书·文帝纪》）他两次除田租税之半，将土地税削减为三十分之一，徭役减为三年一次，并兴修农田水利工程，这些措施促进了农业的恢复和发展。

文帝为人宏通博大，又不乏性情。他在位期间还废除诽谤妖言之罪。他曾下诏称：今法有诽谤妖言之罪，是使众臣不敢尽情，而上无由闻过失也。将何以来远方之贤良。称过去的诽谤妖言罪，使得众臣自动谨言慎行不敢出声，而皇帝也无法知道自己的过失，从而不能吸引优秀人才。他鼓励人们向朝廷提意见，有犯诽谤的，官吏不得治罪，使人民能放心致言。这种胸襟和气度在皇帝中是极为少见的，一时开创了开明宽松的政治局面。

文帝还下诏废除了连坐法和肉刑（夏、商、周就已实行，秦朝更是风行的残害身体的残酷刑罚），又将黥、劓、刖等几种酷刑，分别改为笞三百、五百代替。文帝在位时，齐国名医淳于意遭人陷害控告，被判处肉刑押送长安，他的小女儿缇萦跟随父亲来到长安，并设法上书，愿以身为奴求免其父受此酷刑，文帝深受感动，赦免淳于意并下诏废除肉刑，成就了"缇萦救父"的千古美谈，也体现了文帝的慈悲不忍之心。正是文帝政务宽厚，刑罚大减，每年天下断重罪者仅400人，人民也都自谨守法，社会秩序相当和谐宽松。

文帝又以节俭闻名，是汉初几位皇帝中最为节俭的一位。《汉书·文帝纪》载："孝文皇帝即位二十三年，宫室苑囿车骑服御无所增益。"有一次文帝本也想建造露台，但后来听大臣说造价竟是"中民十家之产"时，他立刻放弃了计划。这一细节不仅显示出了文帝的勤俭，而且说明他处事能够从百姓利益和角度来考虑。而且文帝不仅自己生活节俭，对后宫也不放松要求，"所幸慎夫人，令衣不得曳地，帏帐不得文绣"（《史记·孝文本纪》）。死后，"皆以瓦器，不得以金银铜锡为饰，不治坟，欲为省，毋烦民"。在厚葬成风的秦汉时代，文帝能够以百姓生计为虑，薄葬利民，确实极为难得。文帝如此身体力行地提倡节俭，上令下效，为汉初国力的恢复创造了必要的条件，也为此后景帝时的经济繁荣奠定了坚实的基础。

在处理与匈奴的关系方面，文帝积极推行和亲政策和采取积极防御政策。其表现出来的胸襟境界在秦汉历代帝王中可谓是独树一帜，既冷静理性又开明大气。文帝曾经在致匈奴单于书信中说："先帝制：长城以北，引弓之国，受命单于；长城以南，冠带之室，朕亦制之。使万民耕织射猎衣食，父子无离，臣主相安，俱无暴逆。"（《史记·匈奴列传》）确立了汉匈彼此承认，分疆自守，互不侵犯的原则，而且作为大汉天子，文帝还能主动体恤理解匈奴的生存环境与所遇困难，提出必要时给予援助和支持。在匈奴多次背约入侵之后，文帝又多次写信给匈奴单于，据理力争，晓以大义，反复强调汉匈之间的兄弟关系，应胸怀大度，尽量避免刀兵相见，给双方人民带来不必要的苦难。在冷静克制之外，文帝又不断采取措施强兵固边，加强骑兵建设，为日后汉朝在对匈作战中取得主动打下了坚实的基础。

在吕后在位期间，由中原汉人赵佗建立的南越国与大汉关系恶化，原本向朝廷称臣的南越王赵佗称帝。文帝又以怀柔政策，用一封软硬兼施、恩威并重的《赐南越王赵佗书》，就让南越王赵佗继续俯首称臣，使广大岭南地区留在了汉朝的版图之内，维护了国家统一。这一危机的化解，足见文帝高超的政治智慧。

文帝在位23年，不仅能节俭勤政，"克己欲以厚天下"，其对外所采取的恩威并重、韬光养晦的策略，又保证了休养生息政策的贯彻和实施，最终换来了"文景之治"的治世局面。文帝以帝王少见的仁德修身、治民，外安四境诸侯，内亲附百姓，百官各得其职。他本人也由此赢得了千古赞颂。明末清初时思想家王夫之在《读通鉴论》中对他也有赞誉："汉兴，至文帝而天下大定。"

公元前157年（后元七年），文帝"崩于未央宫"，下诏"薄葬"。他将自己的陵墓选在了白鹿原上。

2. 霸陵为何独一无二

霸陵，在灞河西岸，《汉书·文帝纪》应邵注："因山为藏，不复起坟，山下川流不遏绝，就其水名，以为陵号。"霸陵位于西安东郊白鹿原东北角，当地人称"凤凰嘴"。白鹿原地处灞、浐二水之间，南连巍峨的秦岭，北临蜿蜒曲折的灞河。

西汉的11座帝陵，9个坐落在长安城北的咸阳原上，只有2座位于长安城东南。文帝霸陵便是其中之一。文帝之所以葬在这里，原因和说法很多。据史家推测，主要是受当时昭穆制度的限制。所谓昭穆制度，即"父为昭，子为穆，孙复为昭"（《汉书·韦玄成传》）。在宗庙中的牌位以及墓冢的辈次排列中，以始祖居中，二世、四世、六世位于始祖的左方，称昭；三世、五世、七世位于右方，称穆。咸阳原上，汉高祖刘邦居长陵，惠陵安陵居长陵西，下边若惠帝的儿子为皇帝，居长陵东，正符合昭东穆西的礼制。但文帝是刘邦和薄姬的儿子，与惠帝是同父异母的兄弟，同属穆位。在陵区内的位置便不好安排，文帝只得另辟陵区于霸陵了。另外，据《史记·外戚世家》记载，薄太后"以吕后会葬长陵，故特自起陵，近孝文皇帝霸陵"。吕后及其党羽集团所为，为汉文帝及其后宫太后、皇后、嫔妃等人所不齿，因此在死后也要远离吕后。

史书记载，霸陵是中国历史上第一座依山凿穴为玄宫的帝陵，对后世帝陵依山为陵的建制影响极大。文帝治霸陵"因山为陵"，除了力求节俭外，更是为了陵墓安全。有一次，文帝携慎夫人到霸陵，群臣前呼后拥。他看到修筑中的霸陵，不无感慨地说："'嗟乎！以北山石为椁，用纻絮斫陈，蒸漆其间，岂可动哉！'左右皆曰：'善。'释之前进曰：'使其中有可欲者，虽锢南山犹有郤；使其中无可欲者，虽无石椁，又何戚焉！'"（《史记·张释之列传》）文帝十分赏识张释之这番话。可见，文帝"节葬""因山为陵""不得以金银铜锡为饰"的目的之一，也是为了"使其中无可欲"，确保安全。

霸陵东南1000米左右，有汉文帝窦皇后陵。

孝文窦皇后（？—前135或前129），观津（今河北武邑东）人，吕后时被选进宫，后被派往代国。并得到代王刘恒的宠爱，刘恒先与她生了个女儿刘嫖，后又生了两个儿子：刘启与刘武。刘恒即帝位后，封窦姬为皇后，长子刘启为太子，刘嫖为馆陶公主，幼子刘武封为梁孝王。文帝去世后，景帝刘启即位，窦后成为皇太后。

窦太后一贯喜好黄老之言，在她的影响下，西汉政权能继续由刘邦时期定下的"与民生息""无为而治"的精神，把汉朝推上了强盛的高峰。公元前135年（建元六年），窦太后去世，与文帝合葬霸陵。

窦皇后陵平地起冢，形如覆斗，陵冢位于陵园正中，现高19米，周长564米。其陵墓称"北陵"。封土底部和顶部平面均为方形，陵园垣墙为夯土筑成，今在园内发现大量建筑遗存，有西汉筒瓦、板瓦、云纹瓦当等，可以想见当年陵园中必有较大规模的殿堂建筑。

3. 江村大墓：霸陵是否另有真身

由于霸陵没有封土，史料记载又很少，后人很难知道其墓室的具体位置。长期以来就有人怀疑凤凰嘴不是霸陵，因为凤凰嘴及其周围并无任何人工修筑的迹象，既然霸陵拥有陵园，地表怎么可能了无遗痕。据西汉帝陵传统，陵园一般建于黄土台塬的边部，除了帝陵陵园较为高隆外，整个陵园内较为平整，高差不大。但凤凰嘴与陵园内最低处高差达 230 米，在建陵过程中难以建设外藏坑、礼制建筑等设施；按照汉朝的帝陵建制，帝后陵一般东西排列，"帝东后西"或者"帝西后东"；帝陵与后陵应相距不远，高祖刘邦长陵与吕后陵相距 280 米，惠帝安陵与张皇后陵相距仅 260 米，而窦皇后陵与凤凰嘴居然相距 2400 米，比西汉国力最强的武帝茂陵帝后陵墓之间的距离还大；霸陵的真实位置，显然有待商榷。

2015 年的考古发现，为彻底解答这个千古谜团提供了线索，在位于灞桥区狄寨街道办的江村东侧，有一座大型墓葬（考古学家称"江村大墓"）曾多次被盗，其墓葬位于江村东侧、窦皇后陵西侧，墓室长、宽各约 40 米，深约 30 米，有 3 道回廊。盗墓者盗出 300 余件文物。

考古学家初步判断，这里很可能就是真正的霸陵所在，如推断成立，那霸陵就不是依山为陵，而是与其他西汉帝陵一样，是起土为陵。不过霸陵不起封土、不做标识也的确展现了汉文帝低调节俭的作风，与其他帝陵迥然不同。

4. "顶妻背母"的仁孝传奇

霸陵西南有文帝之母薄太后的南陵。文帝元年，因吕后已合葬长陵，文帝于是为其母另辟陵区南陵。因陵冢西隔渭水遥望汉高祖长陵，《史记·吕不韦列传》有"东望吾子，西望吾夫"的说法，故当地百姓称为"望子冢"。耐人寻味的是，文帝霸陵与其母薄太后南陵、皇后窦陵按"顶妻背母"状安置，其陵墓在白鹿原上呈一个三角之势。

薄太后原称薄姬，是刘邦的妃子，文帝刘恒的母亲，一生崇尚黄老思想，与世无争，凡事包容，为人忠厚，品德高尚。这也是她后来能在吕后专政时期得以保全性命的原因所在，这样的作风和品格也自然影响到了其子文帝刘恒。薄姬成为皇太后之后，文帝以皇帝之尊，仍然对母亲孝顺如初。薄太后病卧三年，刘恒每日上朝归来，都要侍奉老母，亲尝每一碗汤药，这个故事被写进《二十四孝》，成为中国孝文化的典范。一生至孝的文帝有诸多的故事仍为人们传颂，在当地流传最广的就是他死后还要"顶妻背母"。公元前 157 年（后元七年），文帝先于薄太后离开人世。临终时，他对于让母亲"白发人送黑发人"的"不孝"深为抱憾，吩咐其妻窦皇后要厚待其母薄太后，愿以死后"顶妻背母"报其恩德。所谓的"顶妻背母"就是文帝霸陵北向临灞河，薄太后南陵南向临浐河。两陵方向相反即相背，故有背母一说。窦皇后的陵东北向，窦太后陵与文帝陵反向交，故有顶妻之说。

南陵位于灞桥区狄寨街道办鲍旗寨村南。陵封土形似覆斗，底东西宽 150 米、南北长 200 米，高 40 多米，底面积 44 亩，上顶面积 3 亩多，原陵园占地 110 多亩。现墓基四周尽成农田，陵园现仅存有陕西巡抚毕沅立碑，上书"汉薄太后南陵"6 字。

5. 霸陵陪葬墓

位于霸陵陵区的陪葬墓，见于文献记载的有窦皇后的女儿馆陶公主刘嫖、外孙女孝武陈皇后（汉武帝皇后陈阿娇）、孝景薄皇后、董偃及更始帝等。

馆陶公主是孝文窦皇后的女儿，后又称窦太主。其夫堂邑侯陈午死后，她已 50 多岁，和一个叫作董偃的少年家臣同居。董偃从小被公主收养，18 岁成人后就做了公主的侍从，出门为公主驾车，回府在公主身边服侍。董偃因为性情温柔，慈爱他人，又得到馆陶公主宠信。馆陶公主装病求汉武帝前来看望，乘机将董偃介绍给汉武帝。武帝"赐之衣冠，尊而不名，称为'主人翁'，使之侍饮，由是董君贵宠，天下莫不闻"（《资治通鉴·汉纪》）。武帝面对姑姑的男宠，不以为意，而是大大方方地称之为"主人翁"（即"主人"之"翁"），也反映了当时时代风气的开放程度。这也是"主人翁"一词的由来。董偃又由此得到武帝宠信，经常陪同武帝一起玩耍，出入宫廷，礼仪都顾不上了。后来，武帝的侍卫，也是著名的文学家东方朔在武帝面前弹劾董偃的罪行，论据充分，言之凿凿，武帝闻之猛醒，从此才有所收敛，疏远董偃。董偃后来三十郁郁而终。几年后，窦太主也死了，《汉书·东方朔传》载：窦太主"与董君合葬于霸陵"。

孝武陈皇后是孝文窦皇后的外孙女，即窦太主和陈午的女儿，称陈阿娇。窦太主在武帝刘彻年幼时，即有意将阿娇许配给他。她问年幼的刘彻同不同意娶阿娇时，刘彻回答："若得阿娇作妇，当作金屋贮之也。""金屋藏娇"这一成语由此而来。于是窦太主后来在扶助刘彻成为太子一事上出力甚多。刘彻即位后，陈阿娇被立为皇后。可惜这位陈皇后未能善终，"擅宠骄贵"于后宫，后因妒忌武帝宠爱卫子夫，"惑于巫祝"被废，退居长门宫。长门宫也叫长门园，位于长安城东南。孝武陈皇后死后葬在长安城东南 15 千米的霸陵郎官亭东。

谷纹玉剑首

双螭如意云纹玉剑首

咸阳博物馆所藏玉剑首。据《史记》记载，刘邦曾说："吾以布衣提三尺剑取天下。"《晋书·舆服志》也记载："汉制，自天子至于百官无不佩剑。"在汉代，玉具剑是天子乃至百官身份的象征。玉具剑中的玉剑饰由玉剑首、玉剑格、玉剑璲、玉剑珌四部分组成

鎏金铜沐缶

"缶"主要用来盛酒或盛水,还可当作乐器。据《说文解字》解释:"缶,瓦器,
所以盛酒浆,秦人鼓之以节歌。"在中国古代典籍中,多次提到击缶。陶缶由
于易碎而少有完整留存,本件铜沐缶的原型即为陶缶,原为盥洗器。现藏于陕
西历史博物馆

浮雕鹿首纹空心砖

整砖为空心长方体。鹿兽一面略向四面伸出，麋鹿鹿头形象写实，头脸呈圆雕状伸出于砖面，双耳及鹿角贴附于砖面。砖背两侧印细菱格纹带，中央分布着连续的方菱形几何纹。现藏于西安唐皇城墙含光门遗址博物馆

彩绘女立俑

现藏于陕西历史博物馆

彩绘跽坐女俑

女俑躯体线条流畅优美，人物仪态端庄稳重，表情平和安详，显示出文帝时期安定祥和的时代气氛。窦皇后陵出土。现藏于陕西历史博物馆

彩绘陶俑

薄太后南陵出土。现藏于西安博物院

阳陵南阙门与封土

四

汉 景 帝

刘启（前 188—前 141）

阳

陵

在秦汉新城正阳街道办张家湾村北边，

有一座高大的帝王陵冢，

它是咸阳原上9座西汉帝陵中最东边的一座，

位于汉长安城东北方向，

又与汉高祖的长陵遥遥相望，

这就是汉阳陵。

阳陵为汉景帝刘启与孝景王皇后合葬陵。

1. 刘启——西汉盛世的奠基者

刘启（前 188—前 141）是汉文帝长子，母亲是窦姬，公元前 157 年即帝位，在位 16 年，谥"孝景皇帝"。按《逸周书·谥法解》："由义而济（获得成功）曰景""耆意大虑（喜欢深思熟虑，善于充分谋划）曰景""布义行刚（传播仁义，品德坚强）曰景"。虽有溢美之意，但还是从几个侧面反映了景帝时期政治及其个性特征。

景帝在西汉历史上占有重要地位，他前承汉初，继承和发展了其父汉文帝的治国方略，对内崇尚黄老，推行无为而治、与民生息的政策；对外继续和亲匈奴，使西汉王朝政治清明、国家安定、经济繁荣、百姓富足，汉景帝与父亲汉文帝一起开创了"文景之治"，又为儿子武帝刘彻的"汉武盛世"奠定了基础，完成了从文帝到武帝的过渡。

景帝在位期间，重用晁错，推行"削藩策"，削诸侯封地，导致"七国之乱"。景帝派周亚夫为太尉，统率大军平定了叛乱。从此，地方诸侯封国军政大权基本上已收归中央。景帝还继续奉行黄老政治，"清静恭俭"，重农抑商，打击豪强，轻徭薄役。景帝曾说："农，天下之本也。黄金珠玉，饥不可食，寒不可衣，以为币用，不识其始终。"（《汉书·景帝纪》）因此，他多次下令郡国官员（古代官职名）以劝勉农桑为首要政务。公元前 156 年（前元元年），景帝即位伊始就颁布了诏令："令田半租"，即收取文帝时十五税一之半，即三十税一。从此，这一新的田租税率成为西汉定制。在降低田租的第二年（前 155），景帝又下令推迟男子开始服徭役的年龄三年，缩短服役的时间。这一规定一直沿用至西汉昭帝时代。这些措施为西汉经济的恢复和发展助力不少。

景帝时期是匈奴"最强大"的时期，强大的匈奴骑兵南下进击汉地，烧杀抢掠，严重威胁着西汉王朝的统治。虽然此时汉朝社会经济有了恢复和发展，但要战胜匈奴，条件仍不成熟。在这种情况下，景帝在处理汉匈关系上有战有和，但和多战少，以和为主，又坚持和亲，在一定程度上缓和了军事冲突，为国内的和平发展赢得了时间，也为以后汉武帝反击匈奴做了准备。当然，景帝并不是一味妥协，也进行了必要的抵御。除了支持李广、程不识等边将对匈奴抵抗，及维持和和战战，景帝还采取了一些措施，其中主要有"造苑马以广用"的马政建设与实行"卖爵令"及"黩罪之法"。前者使景帝时期养马事业获得大发展，军马数量剧增；后者使大批徒民充实于边地，成为一支兵农混一的垦戍队伍，不但减轻了内地百姓的徭役，而且营造了一个安定的社会环境。

在景帝统治后期，汉初数十年数代的苦心经营终于收到了良好的成效，国家人口翻番，海内殷富，府库充实。因此史学家班固发出这样的赞叹："周云成康，汉言文景，美矣！"魏曹植则用诗歌这样赞美和概括景帝的功绩："景帝明德，继文之则。肃清王室，克灭七国。省役薄赋，百姓殷康。风移俗易，齐美成康。""文景之治"也从此被后人传颂歌咏，视之为"治世"的理想境界。

公元前 141 年，景帝崩于未央宫，死后葬于阳陵，宏大的葬礼整整持续了 10 天。

2. 一座承上启下的帝陵

阳陵在大汉帝陵中拥有显著的地位，规模浩大，结构严谨，气势恢宏。它是一座承上启下的帝陵，总结并完善了从西汉初年到汉景帝时期数十年的帝陵修建经验，基本确定了西汉帝陵的布局范式，成为以后七代西汉帝陵所遵守的建造标准。而阳陵又以其保存的完整性、丰富的考古成果、创新的展陈方式，成为千载之后的人们探秘大汉地下王朝的最佳场所。

阳陵位于汉长安城东北，是咸阳原上西汉 9 座帝陵中最东面的 1 座，距汉高祖长陵 6000 米。阳陵封土呈覆斗形，《三辅黄图》载："山方百二十步，高十丈。"今经实测，陵冢底部边长 170 米，顶部边长 50 米，高 31 米。阳陵陵园为方形，边长 410 米。陵园四面中央各辟 1 门，各门距帝陵封土均为 110 米，其中东、西、南门阙保存较好，南门、东门已进行考古发掘，在南门门址之上建有展览厅。在主陵西南现存无名陪葬墓 1 座，在东部有孝景王皇后陵，阳陵礼制建筑遗址 1 处，从葬坑 1 处。阳陵从葬坑面积达 9.6 万平方米，共发现 1 组 24 个俑坑。坑呈南北向，计 14 行，东西平行分布。坑长 25—291 米，宽 4—10 米，深 7—8 米。从 1991 年起，对其中从葬坑陆续进行了发掘清理，先后出土大量着衣式彩绘武士俑，牛、羊、猪、狗、鸡等陶塑动物，还出土罐、盆、灶、井等，铁器有凿、锯等。建筑遗址位于阳陵南偏东约 420 米。遗址地貌呈缓坡状，东西长 120 米，南北宽 80 米。中部有 1 夯土台基，台四周有卵石散水、砖铺地面和瓦砾的遗址。台上置 1 方石，边长 1.7—1.74 米，厚 0.4 米。石上加工成直径 1.35 米的圆盘，盘中心刻有"十"字形凹槽，俗称为"罗经石"。

景帝陵东北 450 米处有个陵墓，墓前有陕西巡抚毕沅立碑，上书"汉惠帝安陵"。此陵并非安陵，应为孝景王皇后陵。形制与景帝陵相同，唯规模略小。陵基边长 158 米，顶部东西 48 米，南北 45 米，高 26 米。陵园亦呈方形，边长 320 米，陵园四门阙遗址保存较好。

阳陵的考古调查早在 20 世纪初就开始了，而对它的考古发掘工作则是从 1972 年在帝陵西北约 1500 米处刑徒墓地的被发现和发掘才开始的。阳陵的进一步发掘和钻探是 1990 年 5 月配合西安至咸阳机场高速公路修建而进行的。当时第一次发现了从葬坑数座，并由新组建的阳陵考古队进行抢救性发掘，出土了大量着衣式彩绘陶俑。以后从葬坑的发现从数座逐步扩展为四大区域：南区从葬坑、北区从葬坑、帝陵从葬坑和后陵从葬坑。

1982 年，著名考古学家刘庆柱、李毓芳发表《西汉诸陵调查与研究》，由此确定了帝陵和后陵的具体位置。1997 年 3 月，阳陵考古队对帝陵陵园南门阙遗址进行了发掘，发现南门阙的建筑形式为一组两座对称的"三出阙"。站在南阙门夯土之下向上观望，阙台遗迹足有七八米高。在 2011 年，对汉景帝阳陵的原正门——东阙门遗址进行考古发掘过程中，考古工作者发现其与此前已发掘的南阙门遗址一样，都是"三出阙"。另外，在东阙门南侧主阙台西壁，考古工作者发现大面积的草拌泥墙皮。墙皮长度达 25.5 米，厚度约 10 厘米。墙皮由两层构成，每层厚度约

5 厘米。考古工作者由此推测，东阙门在使用过程中经过一次大规模的维修或重建。在草拌泥墙皮的表面，还发现了多处青灰色彩绘的痕迹，特别是在有些草拌泥墙皮表面，竟然发现多达 3 层的彩绘，这也表明西汉时期陵园建筑的维护是经常性的。结合南阙门曾发现的零星红色彩绘痕迹，比对在东阙门发现的墙皮上的青灰色彩绘，考古工作者推断西汉帝陵在设计、装饰方面深受五行思想的影响。

1998 年春，阳陵考古队对阳陵陵园进行了钻探，明确了帝陵封土的形状、大小、墓室的位置及墓道的走向、长度等，发现景帝陵为以东墓道为主、有四条墓道的"亞"字形大墓。并探明了围绕帝陵封土呈放射状排列的 80 多座从葬坑。同年秋，阳陵考古队又对后陵陵园进行了同样的钻探，也明确了后陵封土的形状、大小、墓室的位置和墓道的走向、长度等，发现后陵亦为"亞"字形，亦有从葬坑排列于封土之下。

2006 年落成开放的汉阳陵帝陵外藏坑保护展示厅，在西汉帝陵研究与保护历史上尤为值得一书，它是目前中国第一座全地下的现代化遗址博物馆，地下博物馆是建在 80 多个外围的 10 余条外围从葬坑中的发掘现场。在文物和遗址没有丝毫移动的原本状态下，在地下修筑玻璃参观通道，将阳陵陵园内星罗棋布的从葬坑连成一体，原址展出，并采用现代通风和采光设备，使游客身临其境一般与之实现"零距离"的接触，直观地了解汉代历史，走进大汉帝国"文景之治"的辉煌年代。

3. 庞大的陪葬墓园

阳陵陪葬墓主要分布在西安市高陵县泾渭街道办梁村东北和米家崖村西南的台塬上，其范围西起帝陵东侧约 1100 米处，东到泾渭镇米家崖村塬边，总面积约 3.5 平方千米。陪葬墓现存封土 11 座，另有 20 余座"文革"时被平掉。1997 年开始，考古工作者对阳陵陪葬墓区进行了大规模的考古钻探和发掘清理，发现了规模巨大、数量众多、围沟完整、排列有序的陪葬墓园区。这个墓园区其东、西各有南北向壕沟一条，作为陪葬墓区的东西界限。中部有横贯陪葬墓区的东西向道路一条（司马道），西起帝陵陵园东阙门，向东直通阳陵邑。司马道的南北两侧排列有数量众多的陪葬墓园。墓园平面多为正方形，少数为长方形。墓园内有数量不等的墓葬和陪葬坑。墓园之间有壕沟分隔。这些墓园东西成排，南北成列，呈棋盘状分布。墓园已探明了各类大中小型墓葬数千座。

据文献记载陪葬汉阳陵者有栗姬、顾蔡、苏建家族的墓葬。

4. 在地下博物馆零距离触摸历史

在西汉诸陵中，汉景帝刘启的阳陵既不是时代最早的，也不是规模最高大的，然而却是目前考古发掘成果最丰富的一座帝陵。这些出土文物为今人感受大汉雄风，破解西汉帝陵制度提供了重要的实物资料。在汉阳陵博物馆里，集中展示了近 30 多年来挖掘出土的近 2000 件文物精品。

阳陵着衣式彩绘陶俑

这些陶俑于 20 世纪 90 年代初在景帝阳陵南区从葬坑出土，共出土完整陶俑 100 余件，均为裸体。高约 60 厘米。出土的陶俑绝大多数无臂，肩部是个竖直的圆面，中有一圆孔，横向穿过胸腔。个别倒在地上的陶俑还保留有胳膊的痕迹。它们塑造逼真，躯体各部合乎比例，阳物、肚脐、窍孔俱备。俑头形象各异，显出年龄、个性的区别。发均由额际中分，经两颞，至脑后合拢上折，然后或纽结、或梳理、或辫织上顶，再于头顶绾髻，横插笄。俑烧后皆敷彩，颜面、躯干、下肢均绘橙红色，有如肌肤。发、眉、须、睛为赭黑。俑分头、躯干、腿、脚四大段制作，各用范模，然后粘接，再经捏、塑、刻、划、抹手法，使同模形象各具个性。陶质细腻坚硬。个别俑身可见麻织物痕迹，俑旁多发现有铜带钩，推测俑身原穿有衣服。同类型且形体相近的陶俑在兴平武帝茂陵附近亦有出土。

从葬坑中出土了许多无臂男女俑，还有宦官俑、惟妙惟肖的着衣彩绘俑群、上着铠甲下穿战袍的武士俑、行进中的铠甲武士俑。这些彩俑表情各异：有愁眉苦脸、有若有所思、有头部残留陌额的遗迹等。这些陶俑均采用写实手法，比例合度，细腻传神，称得上"东方的太阳神"和"维纳斯"。

阳陵出土的汉俑虽然只有真人的三分之一大小，约 60 厘米高，赤身裸体且没有双臂。据研究，这些陶俑在刚刚完工时都身着各色美丽的服饰，胳膊为木制，插入陶俑胳膊上的圆孔，以便木胳膊灵活转动，但经过千年的风霜之后，衣服与木胳膊都已腐朽，因此只剩下了裸露而残缺的身躯，俗称"裸体俑"。兵马俑的队伍中有一部分是女子，大多面目清秀、身材匀称，但也有一些颧骨突起、面貌奇异，可能是当时西北的少数民族兵员。比起秦始皇兵马俑的肃穆与刚烈，阳陵汉俑显得平和而从容，正反映了"文景之治"中安定、祥和的社会氛围。

王学理先生曾就秦兵马俑和汉俑作了比较，认为秦韵汉风，一脉相承，各见精神。阳陵汉俑是在秦俑艺术的基础上成长起来的一批写实主义佳作，所达到的造诣较前跨越了一大步。具体地说：首先，秦俑高大等身，表情冷峻，是一些受过军令约束，虎背熊腰、威武不屈的赳赳武夫形象，表现的是兵强马壮的军旅生活；而阳陵汉俑的身高虽然不及真人的三分之一，却是一群在宽松的气氛中、灵气十足、神采飞扬的偶物，它所表现的是丰富多彩的皇室生活。其次，秦俑是塑绘衣饰，阳陵汉俑却是裸体着彩衣，这更增添了陶俑艺术的丰富性，如裸体美、服饰美、动与静的变化美等。最后，秦俑仍多为将卒形象，以军伍为主，秦俑三坑中包括除当时水军之外的所有兵种——步兵、弩兵、车兵、骑兵。马厩坑里出土的跽坐俑是些奴仆的形象，动物俑只见到原大陶马和只有原大一半的铜马。而阳陵中的汉俑，除大量穿袍披铠甲的武士俑外，数以百计的披甲骑马女俑已列队而出，使人耳目一新。陵中出土的陶俑林林总总，既有端庄娟美、裙裾曳地的跽坐女俑，又有双手拥物、长袍裹膝的女立俑。因此，阳陵汉俑堪称"华夏雕塑的精英"。过去，"中国没有雕塑传统"的说法，曾流行了相当一段时间。秦兵马俑的发现，否定了这种说法。而阳陵着衣式彩绘陶俑的面世，更解决了人们长期以来受儒家思想束缚的某些陈旧观念。阳陵汉俑艺术达到了成熟的阶段，它是佛教传入中国之前就早已产生了的艺术形式，是在华夏大地上诞生和绽开的奇葩。更由于它植根的稳固，因此，在同以后佛教艺术的接触中，不仅没有被取代、被消灭，而且在结合中既保存了原有的民族特色，又更多地将佛教的形式融入，做到了水乳交融。研究这一华夏雕塑精英，将更有利于我们深入领会中国艺术的底蕴，也更容易理解大汉王朝的文化表现出的磅礴气度。

阳陵遗址出土瓦当

瓦当是瓦最出彩的部分。中国古代的瓦分为板瓦和筒瓦两种。在房屋的顶部覆瓦时，相对宽大的板瓦先顺次仰置于屋顶，然后再以相对弧度较窄的筒瓦覆扣于板瓦与板瓦纵向相接的缝上。在最接近屋檐的最下的一个筒瓦头部有一个下垂的半圆或圆形部分，即瓦当。它的实用功能是保护房屋椽子免受风雨侵蚀而"出头先烂"。但是在今人看来瓦当最宝贵之处是它的装饰作用，尤其是它的美观与实用、艺术与功能相统一的效果。瓦当之于建筑犹如帽冠之于人首，其美学装饰效果真可谓冠冕堂皇。

提到瓦当，人们就会想到"秦砖汉瓦"这个词，随着汉帝国的建立，宫殿、陵墓等礼制建筑的规模越来越大，瓦当在使用的广泛性与艺术性方面均发展至极盛时代。到了西汉时期，文字瓦当的流行和四神（青龙、白虎、朱雀、玄武）瓦当的出现成为瓦当艺术高峰时期的标志。

地下冥军及动物世界

位于帝陵东南、后陵正南的南区从葬坑和帝陵西北的北区从葬坑，分别占地 96000 平方米。1990—1997 年，考古工作者先后对南区的 14 座坑进行了整体发掘，发现这些坑中有排列密集的武士俑群，有堆放粮食的仓库，还有牛、羊、猪、狗、鸡等陶塑动物及成组的陶、铁、铜质生活用具。这些文物全面展现了汉代的军旅场景，可能与西汉时期的"南军""北军"有一定关系。

1998—2005 年，陕西省考古研究院对汉阳陵帝陵封土东侧的 11—21 号外藏坑进行了考古挖掘，发现大量陶塑动物，如彩绘陶乳猪、陶绵羊、陶山羊、陶牛等，还有木车马、陶仓、陶俑等。这些陶塑动物形象逼真，堪称一绝。如陶猪，臃肿的体态，和长脑袋、小眼睛搭配得很协调；狗的机灵、羊的温顺，公鸡的自鸣得意、母鸡的闲散，都被表现得栩栩如生。众多陶塑动物称得上是"六畜兴旺"，组成了一个阵容庞大的"地下动物世界"，也说明了"文景之治"时期社会的安定、富裕程度。另外，猪、马、牛、羊为当时帝王祭祀所必需的，牛、羊、猪三牲具备谓之"太牢"。从葬坑存放这些种类的陶塑动物主要还是用于祭祀和肉食。

陪葬墓园出土精品

陪葬墓园区西起帝陵东侧约 1100 米处，东到马家湾镇米家崖村塬边。全长 2350 米，占地约 3.5 平方千米。这些墓园东西成排，南北成列，呈棋盘状分布。考古工作者已对部分墓葬进行了发掘，出土的文物有塑衣式彩绘男俑、女俑、般邑家铜钫、铜锤、铜豆、铜甗、铜熏炉、兵器、铜镦、铜戈、茧形壶、陶匜、陶灶、陶钫、陶仓、玉印、玉剑格等一批文物精品。

建筑遗址

宗庙建筑遗址（即陵庙建筑遗址），面积为 6700 平方米，平面为"回"字形双回廊结构，形制规整、规模宏大，可与当年汉长安城的礼制建筑媲美，是目前发现保存最完整的帝陵陵庙建筑遗址。西汉自景帝开始，庙移陵旁，又称陵庙，这与原来都城之内或附近的宗庙作用有所不同。陵庙和寝、便殿是帝陵的一整套礼制建筑，它不同于以前宗庙之处在于陵庙主要与陵事活动有关。

此外，出土文物中还有各种官印，如"宗正之印""宦者丞印""车骑将军""太官之印"等，比原物均按比例缩小，再现了西汉中央官署机构的设置情况。这里还有目前国内发现最早的围棋盘和神秘的罗经石遗址，以及目前发现的世界最早的茶叶实物遗存等，可谓数不胜数。不同种类的出土文物，分别从不同方面再现了此时的西汉帝国繁荣、安定的社会现实，以及多姿多彩的汉代社会生活和古朴雄浑的汉代文化艺术。

戳印瓦

从瓦片上面能清楚辨认出"阳陵"二字，从考古学的角度上印证了阳陵的存在以
及它具体的位置。现藏于汉景帝阳陵博物院

"罗经石"遗址

其上阴刻十字，因专家认为它是为建筑阳陵而修的测量标石，并依据中国古代的定位仪器之———罗盘和现在国际通用的经纬线定位法，分别选取两者的第一个字"罗"和"经"，组成"罗经"一词以命名此石，后又认为可能是建筑中心的柱础石

白虎纹空心砖

"罗经石"遗址出土。现藏于汉景帝阳陵博物院

玄武纹空心砖

用作建筑的台阶踏步。出土地属于阳陵的陵庙建筑遗址，其屋顶的瓦当、庙堂四面构筑踏步的空心砖，都按照不同方位，使用代表相应方向纹饰的瓦当或空心砖，即东"青龙"、西"白虎"、南"朱雀"、北"玄武"。"罗经石"遗址出土。现藏于汉景帝阳陵博物院

花纹空心砖

空心砖的使用在西汉已经非常普及，它不仅可以省料、减轻建筑物自重，而且可以隔音、防潮；一般都用于门前的踏步和砌筑台阶。现藏于汉景帝阳陵博物院

出土陶俑、木车马和陶塑动物的外藏坑

南阙门内巨大的阙墙遗迹

阳陵帝陵南阙门

阳陵帝陵南阙门是帝陵陵城四门中的南门，也叫朱雀门，由两组对称相连的"三出阙"建筑组成，是目前发现时代最早、级别最高、规模最大的帝陵陵阙建筑遗址

"阳陵令印"封泥

是当时与帝陵相关的行政往来、机构设置和社会生活的真实反映。阳陵邑遗址出土。现藏于汉景帝阳陵博物院

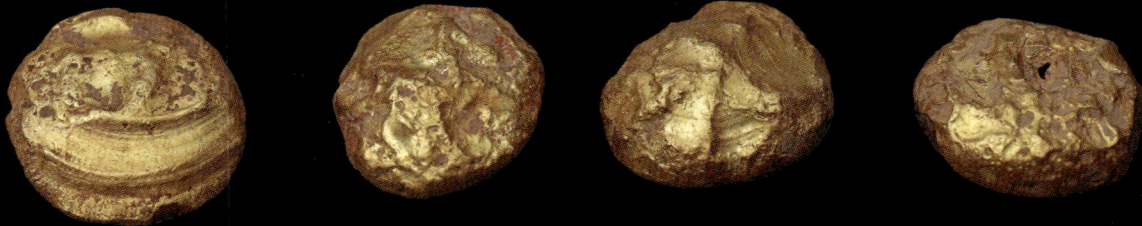

1

2

1. 金豆　2. "车骑将军"龟钮金印

1. 现藏于汉景帝阳陵博物院

2. 阴刻篆文。长 0.7 厘米、宽 0.7 厘米、高 0.6 厘米。车骑将军是西汉时期重要的
   武官之一，执掌四夷屯警、京师兵卫、征伐背叛、出使宣诏、荐举官吏、重要
   的迎来送往礼制性活动等。南区从葬坑 2 号坑出土。现藏于汉景帝阳陵博物院

鎏金铜承弓器

现藏于汉景帝阳陵博物院

1

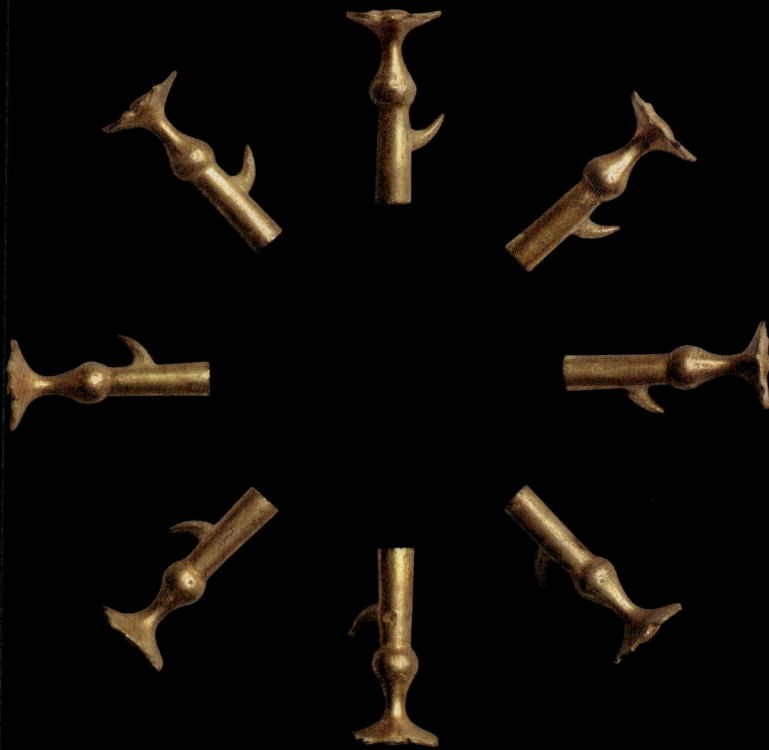

2

1. 鎏金铜车軎　　2. 鎏金盖弓帽

1. 现藏于汉景帝阳陵博物院

2. 车马器构件。现藏于汉景帝阳陵博物院

宦官俑

现藏于汉景帝阳陵博物院

骑兵俑

这组陶俑面貌奇异，颧骨特别高，嘴和眼部凹陷，双腿分开作骑马姿态，表现的应该是汉王朝军队里边包括匈奴人在内的西北游牧民族骑兵的形象。现藏于汉景帝阳陵博物院

按出土原状展示的俑坑，包括陶俑、陶牛和生活用具

表情平静自然，略带笑意的各式陶俑，反映出"文景之治"时期平和安定的时代氛围

执盾武士俑

下半身还在泥土里尚未剥离，陶俑原来出土时身边都有铠甲或盾牌，腐朽后上面
的彩绘漆皮就留在了泥土里。现藏于汉景帝阳陵博物院

执剑武士俑

现藏于汉景帝阳陵博物院

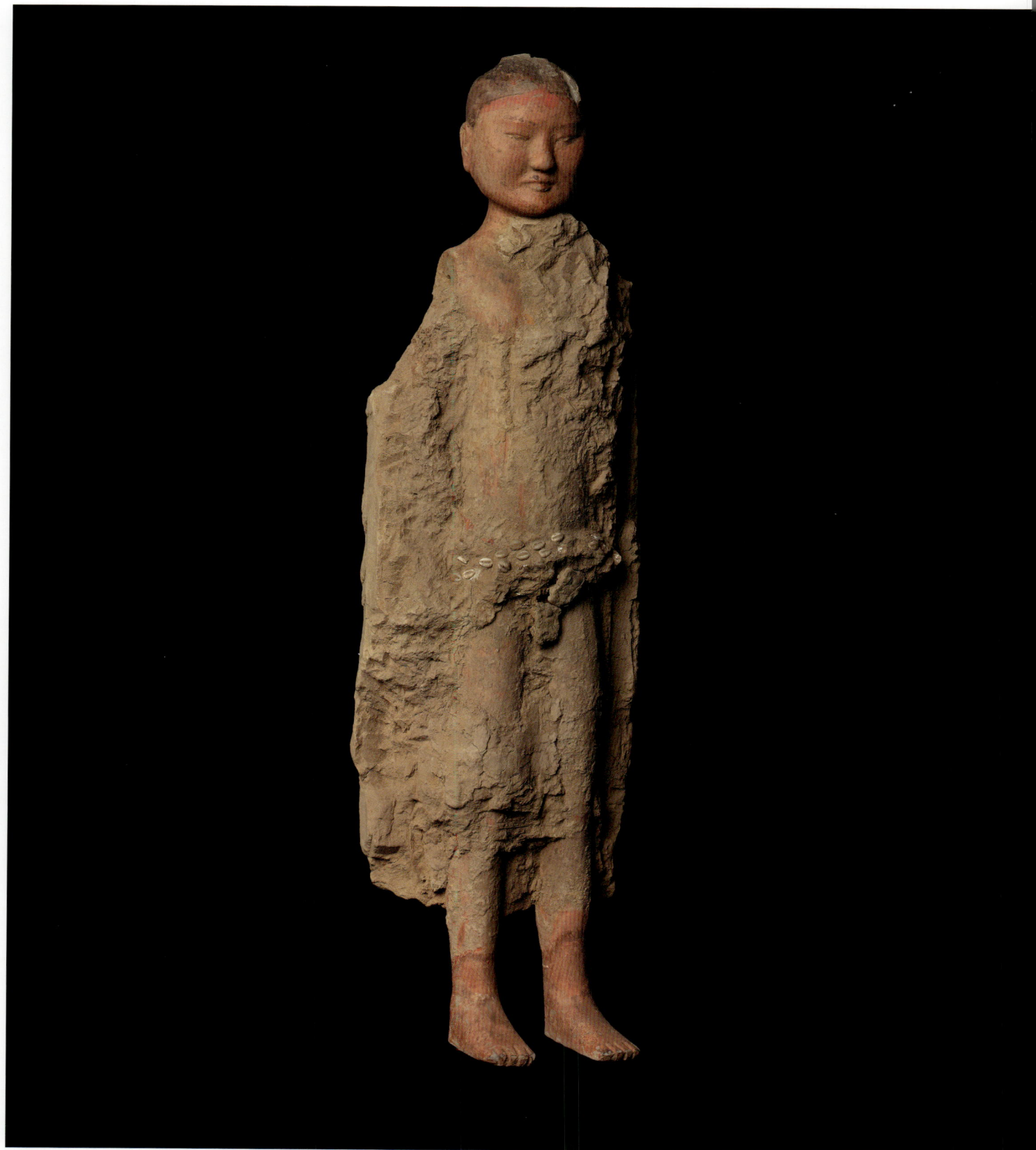

铠甲武士俑

面庞圆润，神态自然，目视前方，两足并拢作站立状。俑体表面有纺织品痕迹，
应为战袍腐朽后所留。纺织品痕迹之外有铠甲痕迹，因年代久远均已朽没，现仅
存铠甲遗迹。现藏于汉景帝阳陵博物院

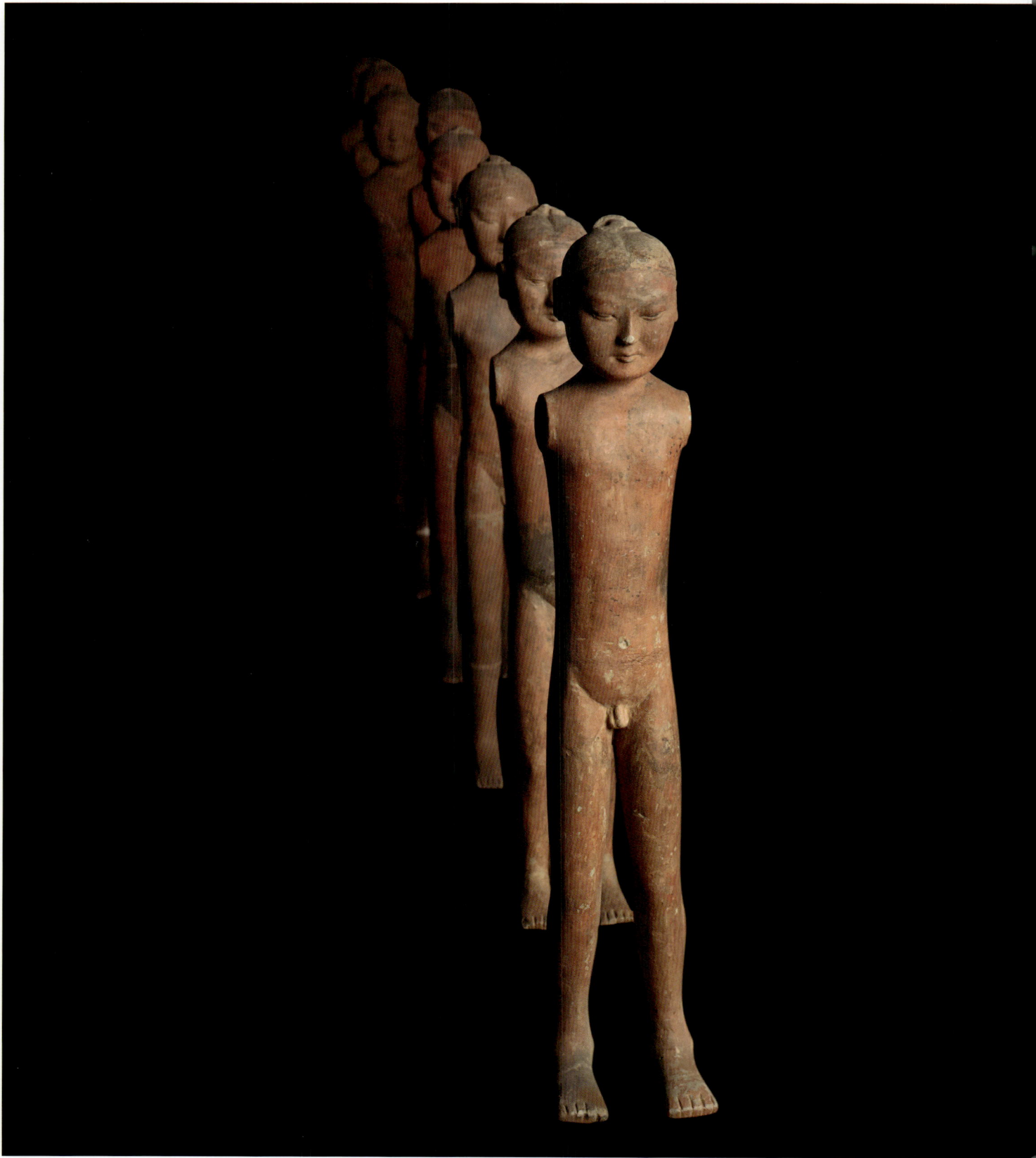

武士俑

现藏于汉景帝阳陵博物院

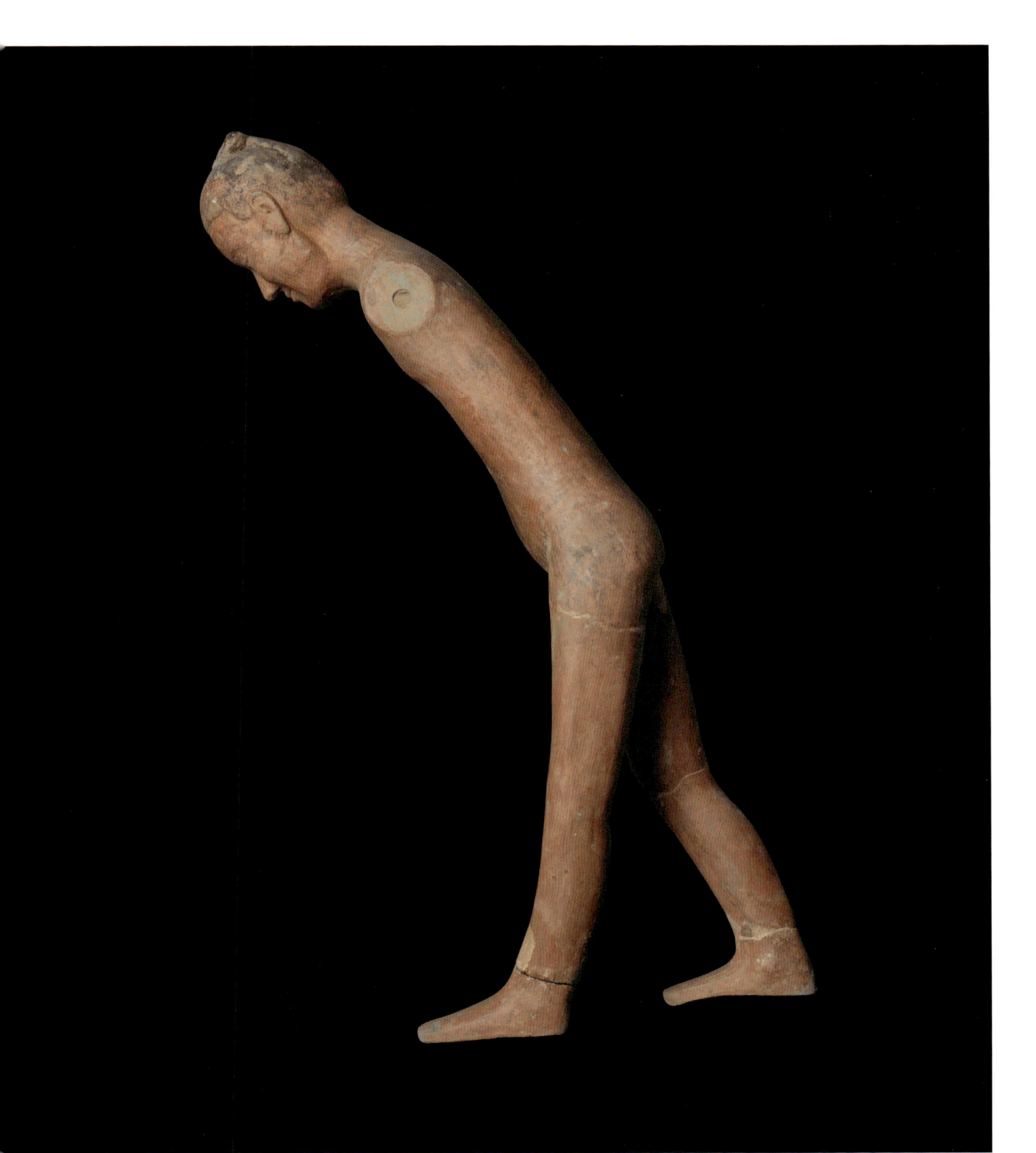

行走俑

现藏于汉景帝阳陵博物院

着衣式彩绘女俑

现藏于汉景帝阳陵博物院

着衣式彩绘男俑

现藏于汉景帝阳陵博物院

栩栩如生的马头细部

乐伎俑

现藏于汉景帝阳陵博物院

塑衣式彩绘侍从俑

现藏于汉景帝阳陵博物院

塑衣式彩绘舞女俑

高55厘米，发式中分，后梳垂背，面容清秀，内穿交领长袖舞衣，外罩右衽广袖长裙，右手扬起甩袖于肩，左手后拢，长袖舒展，膝盖微弯；生动表现出美丽的女舞者动态的瞬间，也传达出大汉盛世浪漫优雅、富于人性化的时代风气。现藏于汉景帝阳陵博物院

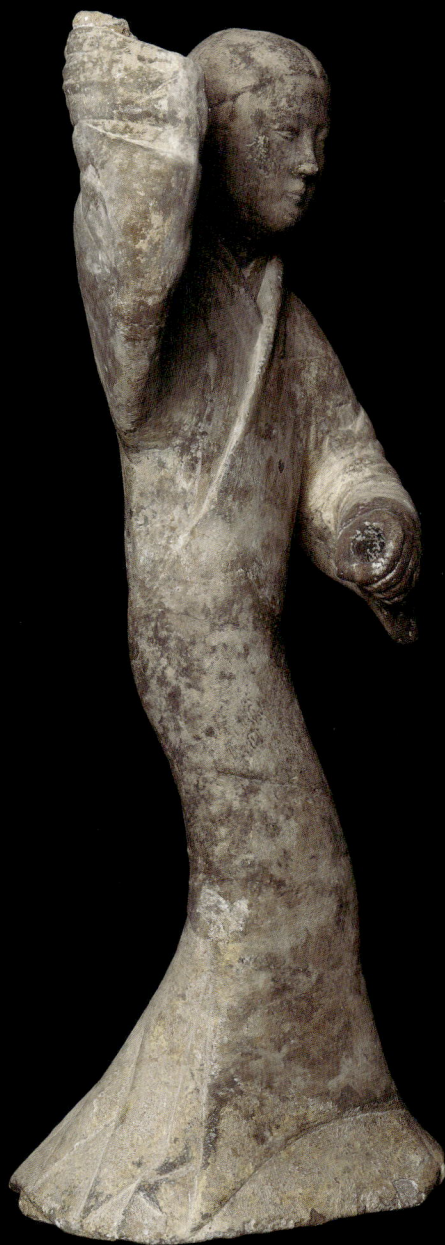

1

2

1. 陶狗   2. 陶猪

现藏于汉景帝阳陵博物院

陶牛

现藏于汉景帝阳陵博物院

陶绵羊和陶狗群

陶狗群

规模庞大的陶狗群

阳陵从葬坑中出土的陶狗多达 400 余件

木车马遗迹

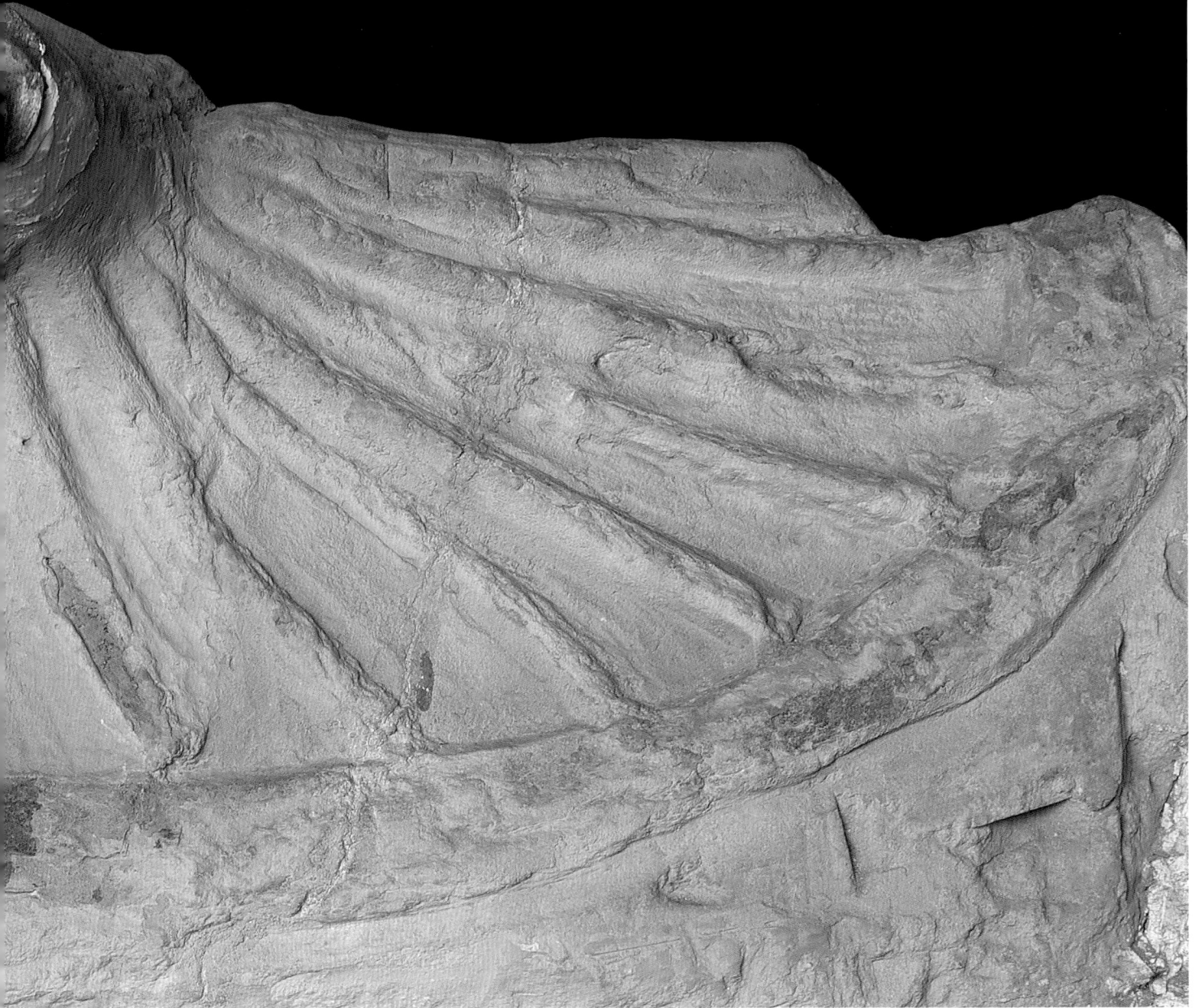

茧形壶

由于它的外形酷似一只蚕茧，因此被称为茧形壶，主要是用来装酒或肉汤等

塑衣式彩绘文吏俑

陶俑由内至外身着三层右衽曲裾深衣，最外面一层为白色，衣领、袖口、衣襟等
处皆有红色锦缘；双足穿方头履。陶俑天庭饱满，面庞圆润，眉目清秀，唇上有
八字须，神韵内敛，显出谦谦君子的气度。现藏于汉景帝阳陵博物院

玉蝉

现藏于汉景帝阳陵博物院

浮雕螭虎玉剑格

现藏于汉景帝阳陵博物院

白玉印坯

现藏于汉景帝阳陵博物院

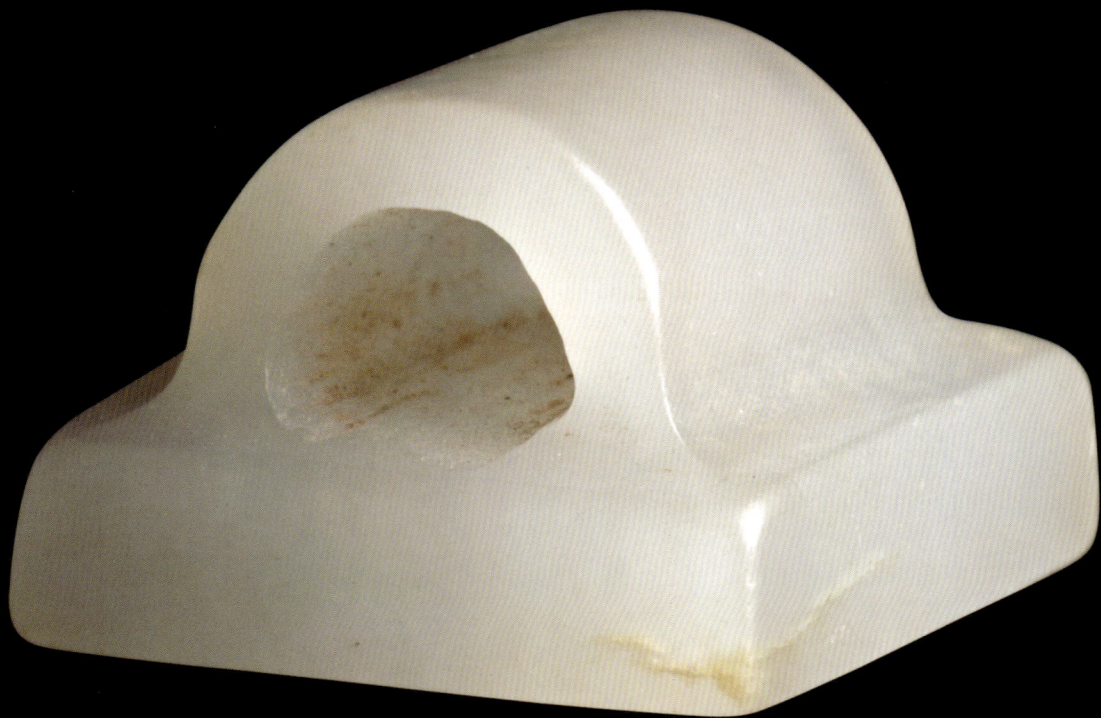

般邑家铜锺

酒器。铜锺上刻有铭文："般邑家铜锺，容十斗，重卅五斤，第二家工造。"据考究，"般邑"应该同后来的"阳信家"一样，为某一公主之封号。到汉代，青铜文化已走到了后期，器形单纯朴素，因此汉代的大部分青铜器物被称为素器。青铜器也由神秘而趋于世俗，由祭器而变为实用，并逐渐由贵族专用而成为一般人常用的生活器物。现藏于汉景帝阳陵博物院

般邑家铜钫

现藏于汉景帝阳陵博物院

陶灶、甑

现藏于汉景帝阳陵博物院

圆筒形彩绘带盖陶仓

作储存粮食之用。现藏于汉景帝阳陵博物院

陶质脊兽

脊兽是古代建筑物垂脊末端的一种饰件，一般做成怪兽的形象，起装饰或避邪驱恶的作用。除宫殿庙宇外民宅不得安兽。这件阳陵南阙门出土的脊兽，外形呈现出一个怪兽的形象，证实了汉代的建筑物上已经出现了较为成熟的脊兽形象。现藏于汉景帝阳陵博物院

温酒器

泥质灰陶，由一个船型器和一个小陶罐组成。现藏于汉景帝阳陵博物院

陶质六博棋盘

"六博"是一种曾经比围棋更加流行而今已经失传的棋戏，有棋盘、黑白各 6 枚棋子及其他辅助构件。有学者认为，六博之棋效法天体宇宙，其设计来源和汉时古人的宇宙观相关。六博棋盘在西汉历史上还与一场政治风暴有关。汉文帝时，汉高祖刘邦分封的刘氏宗室同姓诸侯王的势力坐大，其中实力最强的吴王刘濞派遣自己的儿子到长安联络感情，其子在与当时的太子、后来的景帝刘启玩六博棋的时候发生争执，刘启一怒之下将棋盘打在了吴太子的太阳穴上，顷刻之间，吴太子气绝身亡。刘濞于是怀恨于心，从此埋下了"七国之乱"的祸根。现藏于汉景帝阳陵博物院

陶质围棋盘残片

堪称中国迄今发现最早的围棋盘，表明围棋在当时已经有广泛的影响。阳陵南阙门遗址出土。现藏于汉景帝阳陵博物院

宗正之印

在阳陵陵园众多的遗址坑中出土了多枚标志着与皇帝生活密不可分的官职和身份
的随葬印，证明这些外藏坑极有可能象征着当时西汉王朝中央官署的"九卿"机
构。现藏于汉景帝阳陵博物院

东织令印

现藏于汉景帝阳陵博物院

大官丞印

现藏于汉景帝阳陵博物院

封土高大、气势浩大的茂陵，可谓西汉帝陵之冠

五

汉 武 帝

刘彻（前156—前87）

茂 陵

在秦汉新城南位镇策村南边，
茂陵博物馆西侧，
有一座规模巨大的帝王陵冢，
它是咸阳原西汉帝陵中最西面的一座，
也是西汉帝王陵墓中规模最大、
修造时间最长、
陪葬品最丰富的一座。
这座帝陵的主人，
就是有着赫赫威名的汉武帝刘彻。

1. 刘彻——武威远播的皇帝

刘彻（前156—前87）是景帝和孝景王皇后之子，在位54年，是中国古代史上在位和享年最长的帝王之一。谥号孝武皇帝，《逸周书·谥法解》说"威强睿德曰武"。就是说：威严、坚强、明智、仁德叫武。西汉前期的"文景之治"，为汉武帝的统治奠定了雄厚的物质基础，使汉武帝有条件尽情施展雄才大略。

汉武帝在位期间，采取了一系列措施，逐步走向文治武功的顶峰，并带领西汉迈入全新的盛世。

在政治上，武帝继续推行景帝时期的政策，加强中央集权，设立"中朝"，使之成为实际的决策部门，限制以丞相为代表的"外朝"权力；又颁布"推恩令"，解除了西汉长期以来诸侯王带来的一系列威胁；任用酷吏打击地方豪强，迁徙郡国豪富，设立十三部刺史，监察地方，大大加强了中央政府对地方的控制。这些措施逐步奠定了大一统的政治格局。

在思想上，武帝采用董仲舒的建议，"罢黜百家，独尊儒术"，确立了大一统的思想基础，并设五经博士。他贬抑黄老刑名等百家之言，起用文学儒者，儒学之士于是在文化史的舞台上逐渐成为主角。《史记·儒林列传》记载，公孙弘以精通《春秋》之学升迁为天子信用的重臣，又封以平津侯，于是"天下之士靡然向风矣"。汉初流行的黄老政治由此走到终点，完成了历史使命，与新的政治局面相适应的儒家学派开始走到了历史舞台的中心。

在官制上，武帝实行察举制和征召制，有利于人才的发掘。特别是察举制的确立，是他的一项政治发明。文帝时，已经有从社会基层选用"贤良""孝廉"的做法，但尚未成为确定的制度。武帝在即位之初的第一年，就诏令中央和地方的主要行政长官"举贤良方正直言极谏之士"。6年后，又下诏策试贤良，并特别明确规定了郡国必须选举的人数。这一诏令表明察举制已经发展成为一种比较完备的仕进途径，察举制作为选官制度的主体地位已经得以确立，这一历史进步意义重大。此外尤为突出的是武帝用人唯才是举、不拘一格。卫青、霍去病分别是从奴仆和奴仆后代中选拔出来的，而丞相公孙弘、御史大夫兒宽等人都是出身贫民。特别是金日磾（Jīn Mìdī），以来自匈奴的俘虏、在宫中养马的奴隶身份获得重用，后与霍光、上官桀成为托孤的重臣。汉武帝用人真可谓独具慧眼，体现出博大的胸襟和开放的气度，班固也曾对此大表称赞："汉之得人，于此为盛！"

在经济上，武帝则实行盐铁官营、统一货币。他将地方的盐铁经营权、铸币权收归中央；采纳桑弘羊的建议，于京都设平准官，各地设均输，由政府直接经营运输和贸易，以平抑物价；中央统一铸造发行五铢钱，大大增加了国家财政收入，实现了经济上的大一统。并兴修水利、发展屯田，使农业得到空前的发展，为加强中央集权提供了物质基础，而且保证了反击匈奴战争的胜利。

在教育上，武帝兴太学、郡学。在公元前 124 年（元朔五年）他创建太学，于是国家培养政治管理人才的正式官立大学出现了。太学的兴立，进一步有效地助长了民间积极向学的风气，对于文化的传播起到了重大的推动作用。同时，大官僚和大富豪子嗣垄断官位的情形有所改变，一般中家子弟入仕的门径得以拓宽，一些出身社会下层的才俊也得到入仕的机会。

在文化学术上，武帝有兼容并包的精神，"薄开艺能之路，悉延百端之学"（《史记·龟策列传》）。特别是他在位时期，"包括宇宙，总揽人物"（司马相如《答盛览作赋书》）的汉大赋的数量和创作水平达到高峰，可为有力的证明。武帝本身就以辞赋见长，曾有《白麟之歌》《天马之歌》《秋风辞》等作，他又招揽四方文士，建立乐府。因此他在位期间，名家名作迭出。其中最为著名的是司马相如及其作品。其《子虚赋》和《上林赋》，是这一时期赋作中有代表性的精品。这些赋以气势恢宏、词藻奇丽为特征，正反映了当时文化气度的宏阔广大，时代精神的豪迈，物质生活和精神生活的丰富多彩。而史学的学术性成就的顶峰司马迁的《史记》也出现在武帝时期，是西汉时期最伟大的文化创造之一并在中国文化史上占据着重要的地位。历代评价所谓"贯穿经传，驰骋古今"（班固语），"史家之绝唱，无韵之离骚"。司马迁虽因李陵投降匈奴之事仗义执言，而为武帝迁怒受宫刑，但留下的中国历史上第一部纪传体通史，以"究天人之际，通古今之变，成一家之言"为宗旨的《史记》，还是充分体现了武帝时期的文化精神和博大气象。

在对外策略上，武帝一方面多次发兵征讨匈奴，任用卫青、霍去病等天才将领统领军队，先后对匈奴发起四次大的战役，都获得重大胜利，特别是最后一次漠北之战取得决定性胜利，使匈奴从此无力大举南下，造成了"是后匈奴远遁，而幕南无王廷"（《史记·匈奴列传》）的局面。数次战役解除了匈奴连年来对中原的威胁，收复河套地区，打通了河西走廊，并设立河西四郡，打开了通往西域的大门，扩大了西汉帝国的有效领土范围；一方面则派张骞两次出使西域，开辟了丝绸之路。张骞历经艰辛回汉后，将西域一些国家的地理、风俗、物产、政治、军事等情况，报告给汉武帝，使汉朝政府对西域有了比较清楚的了解。西域的许多国家也在此后和汉廷建立起友好的关系。武帝又继续派出许多使者到西域各国，每年多则十几次，少则五六次。每次多达百余人以至数百人。比较远的如安息、奄蔡、条支（今伊拉克）诸国，都有大汉使者的足迹。尤其中原人民与西域各族人民联系的不断加强，对统一的多民族的西汉王朝的形成与发展，更具有重要的历史意义。此外，还开拓西南，设置郡县，加强了内地与西南各地的联系；并借南越王叛乱之机灭掉南越，设立南海、苍梧、郁林、合浦、交趾等南海九郡，有效地建立起对岭南地区的管辖。

此外，武帝还是中国历史上第一位使用年号的皇帝。公元前 113 年武帝以当年为元鼎四年，并追改以前为建元、元光、元朔、元狩，每一年号六年。

汉武帝长达 54 年的统治，开创了"大一统"的鼎盛局面，缔造了一个崭新的大汉帝国，成为当时世界的辉煌，东方的强大帝国。《汉书·武帝纪赞》中对汉武帝这样评价："孝武初立，卓然罢黜百家，表章《六经》。遂畴咨海内，举其俊茂，与之立功。兴大学，修郊祀，改正朔，定历数，协音律，作诗乐，建封禅，礼百神，绍周后，号令文章，焕焉可述。后嗣得遵洪业，而有三代之风。如武帝之雄材大略，不改文景之恭俭以济斯民，虽《诗》《书》所称何有加焉！"

关于武帝的功绩，史学家往往也有不同的评价。他连年穷兵黩武。晚年好大喜功、大兴土木、信惑神怪，又给百姓带来很多痛苦，巫蛊之祸牵连数万人，几乎动摇国本，为西汉以后的统治埋下了很多隐患。司马光在《资治通鉴》中就说："孝武穷奢极欲，繁刑重敛，内侈宫室，外事四夷。信惑神怪，巡游无度。使百姓疲敝起为盗贼，其所以异于秦始皇者无几矣。"以史家之笔，一针见血地对武帝的缺点予以了直接的揭露。

而临终前的武帝，也为自己早年的政策深刻反省。公元前 89 年（征和四年），他下了一道"罪己诏"，他说："朕即位以来，所为狂悖，使天下愁苦，不可追悔。自今事有伤害百姓，糜费天下者，悉罢之！"他承认了自己的过失，承诺以后将回归到安定百姓、休养生息的路线上去，史称"轮台罪己诏"。这也为后来昭宣二帝时期的西汉中兴埋下了伏笔。

公元前 87 年（后元二年），武帝病逝，享年 70 岁。他临终前才确定皇太子人选，是为年仅 8 岁的刘弗陵，并将后事托付给霍光、上官桀、金日磾，由他们三人辅佐幼帝。

2. 厚葬典型为茂陵

茂陵是咸阳原上西汉帝陵中最西边的一座，此地汉代为槐里县之茂乡，"茂"有草木繁盛之意，汉武帝给自己的寿陵命名为"茂陵"，是希望汉王朝能够兴盛发达。由于汉武帝茂陵在其合葬墓李夫人墓之东，又称"东陵"。

茂陵是西汉帝陵中修建时间最长的一座，武帝执政 54 年，茂陵就修了 53 年，武帝下葬时，封土上的树木已经可以合抱，茂陵内的陪葬品已多得放不进去。《汉书·贡禹传》载："（武帝）弃天下，昭帝幼弱，霍光专事，不知礼正，妄多臧金钱财物，鸟兽鱼鳖牛虎豹生禽，凡百九十物，尽瘗臧之。"《汉旧仪》补遗载："方中用地一顷，深十三丈……武帝坟高二十丈，明中高一丈七尺，四周二丈，内梓棺，柏黄肠题凑……其设四通羡门，容大车六马。"各墓道门还埋设暗箭、伏弩等机关以防盗。四周充沙，以防潮。地宫内还充满了大量稀世珍宝。武帝去世后第四年，墓室中的玉箱、玉杖就被人盗出，在长安街上出售。西汉末年，农民起义军打开茂陵的羡门，成千上万起义军兵士搬取陵内陪葬品，几乎搬了几十天而"陵中物不能减半"（《晋书·索綝传》）。由此可见茂陵陪葬品之多。到西晋时，"犹有朽帛委积，珠玉未尽"（《晋书·索綝传》）。唐末黄巢起义军入长安，茂陵的大量珍宝再次散落四方。

茂陵陵区分为陵园、陵邑及陪葬墓区三大部分。公元前 87 年，武帝死于长安五柞宫，入殡未央宫前殿。史载，梓棺内武帝口含蝉玉、身着金缕玉衣，"玉片上皆镂以蛟、龙、鸾、凤、龟、麟的之像，世谓为蛟龙玉匣"（晋代葛洪《西京杂记》）。茂陵封土堆从外形上看，封底和封顶平面均为方形，《长安志》注引《关中志》载："汉诸陵皆高十二丈，方一百二十步，唯茂陵（高）十四丈，方百四十步。"如今实测茂陵封土底部和顶部平面均为方形，底部边长 240 米左右，顶部边长 40 米左右。现存高度 46.5 米。封土用五花土夯筑而成。封土正南立有清代陕西巡抚毕沅书写的"汉孝武帝茂陵"石碑。

茂陵的陵园分为内城和外城，内外城四周都有垓门，内城陵园为夯筑城垣，呈方形，边长430 米，墙基宽 5.8 米。墓葬形制为"亞"字形，在封土四面正中位置各有一条墓道，平面均为梯形。陵园的四周有园墙，四墙距封土的距离为 80 余米，园墙中部各有阙门，四角有角楼，残存高度 3 米多。四面中央各辟一门，四门均以四神命名。门外置双阙，每个阙址面宽 38 米、进深 9 米、残高 3 米。现仅存有玄武门、青龙门、白虎门遗址清晰可辨。

茂陵周围还发现了包括陵庙、寝殿等在内的大小建筑遗址 14 处，面积达 32 万平方米，陵园内外发现的埋藏有各类陪葬品的外藏坑多达 400 座，比秦始皇陵发现的还多。

茂陵附近还有"集仙台""白鹤馆""压石冢"等多处建筑遗存，主要分布在茂陵东南部。白鹤馆遗址现存夯台基址一处，附近遍布汉代砖瓦块等。茂陵东南 350 米处有"压石冢"遗址，可能是当年茂陵礼制建筑白鹤馆中的一座重要高台建筑。白鹤馆周围 2500 米，用于"驰逐走马"。公元前 46 年（初元三年）曾遭火灾。白鹤为"仙禽"，又是长寿象征，陵寝之地的建筑，取名"白鹤"与此有关。白鹤馆遗址东部，茂陵东南 1000 米，今瓦渣沟一带，曾出土琉璃璧、玉铺首、画像砖和各种文字瓦当。画象砖的纹饰有青龙、白虎、朱雀和玄武"四神"图案，这是汉人天文观和五行思想的体现。半透明的深蓝色玻璃璧，面饰谷纹。青玉铺首，面饰浮雕，其高 34.2 厘米、宽 35.6 厘米、厚 14.7 厘米。这种巨型青玉铺首，应是大门上的装饰性物品，但绝非一般建筑上所使用。十二字瓦当面径 19.3 厘米，四周文字为"与民世世，天地相方"，中央为"永安中正"。此物件应是茂陵寝园中的建筑遗物。

茂陵的管理机构也很庞大，设有"陵令、属官各一人，寝庙令 1 人，园长 1 人，门史 33 人，候 4 人"（《长安志》注引《关中志》），而守陵的士兵、溉枢的奴仆、扫除的杂工加起来竟多达5000 多人！茂陵内的随葬品十分丰富和奢侈，多藏有金钱财物、鸟兽鱼鳖、牛马虎豹、生禽。相传还有外国赠送的玉箱、玉杖及汉武帝生前经常阅读的杂经 30 余卷也一同埋在墓中。

汉代葬制，皇帝崩后，皆穿珠襦玉衣入葬。玉衣形如铠甲，由上千块小玉片用金质丝线连在一起，称金缕玉衣。汉武帝的玉片上皆缕成蛟龙鸾凤龟鳞的图案，世人称之为蛟龙玉衣。汉代中山王刘胜的金缕玉衣一共用玉 2498 片，金丝约 1100 克。当时要制作这样 1 件玉衣，约需 1名玉工 10 余年的时间。一个诸侯王的金缕玉衣已是如此精致和奢侈，可以想见，汉武帝死时所穿的蛟龙玉衣又该是何等考究！

汉代崇尚厚葬，而厚葬的典型首数汉武帝的茂陵。在中国历史上，这座规模浩大的皇陵只有秦始皇的骊山陵才能与之相提并论。

李夫人的墓位于茂陵西北方向，在西汉帝陵陵墓群的最西端。在西汉帝陵制度中，后陵都葬在帝陵之东，如葬在帝陵之西的都有特殊原因，如李夫人、元帝时的王皇后。李夫人虽以皇后之礼下葬，但当时毕竟不是皇后，卫皇后尚未被废，因此不能葬在帝陵之东皇后陵位。据《长安志》载："李夫人墓东西五十步，南北六十步，高八丈。"墓冢外形为两层台，又名"英陵"，"英"有"重"的意义，"山形两重者名英"。李夫人墓称"英陵"当源于此。在西汉高大的坟丘被当作山的象征，《水经注》云："昆仑之山三级。"这种传说流传于汉代。因此把坟丘夯筑成分层的形式，可能是象征不同的山。

李夫人（生卒时间不详），祖籍中山（今河北定州），出身梨园世家，父母兄弟均以音乐为生。李夫人的兄长李延年，以能歌善舞而为汉武帝赏识。《史记》载李延年："每为新声变曲，闻者莫不感动。"据说，李延年有次为汉武帝唱了一首歌："北方有佳人，绝世而独立；一顾倾人城，再顾倾人国；宁不知倾城与倾国，佳人难再得。"引得武帝叹息不已，对歌中佳人向往不已。于是平阳公主顺势向汉武帝推荐了歌中的"佳人"，即李延年的妹妹李夫人，李夫人就此得幸于武帝。后来生有一子，即昌邑哀王刘髆，所以李夫人也就是后来曾经做过27天皇帝的海昏侯刘贺的祖母。

可惜过了不久，李夫人患重病，武帝亲临病榻前看望，但是李夫人认为："妾久寝病，形貌毁坏，不可以见帝……所以不欲见帝者，乃欲以深托兄弟也。我以容貌之好，得以微贱爱幸于上。夫以色事人者，色衰而爱弛，爱弛则恩绝，上所以挛挛顾念我，乃以平生容貌也。"大意就是：我之所以得到武帝宠幸是因为我的美貌，现在病得快要死了，已是形容枯槁，此时若是让皇帝见到我这个样子，不但会让皇帝惊惧不安，还会忘了我以前漂亮的容貌，以后再也不会想我了；反过来，他只会对我更加思念，也会好好对待我的兄弟。

李夫人的这番话极为深刻睿智，清醒地看到了帝王宠爱背后的无常易逝的本质，又为身后整个家族的命运着想，可谓是思虑周全而深远。虽然她过早离世，无缘继续领受汉武帝的宠爱，但她的音容笑貌却深深地留在了武帝心中。武帝对她十分思念，命画师在甘泉宫绘制了她的画像，还邀来方士祈仙求神，在疑似看到帷帐上方士作法招来的李夫人的"身影"后，武帝为她作诗谱曲："是邪？非邪？立而望之，偏何姗姗其来迟！"（《汉书·外戚传》）来寄托他对李夫人的深深哀思。就这样，李夫人凭借其绝世的美貌和武帝的恩宠，在中国历史上写下了自己的传奇，也为后人留下了"倾国倾城""绝世佳人""姗姗来迟"这三个著名的成语。

正因如此，汉武帝才把李夫人以皇后之礼安葬，并把其陵墓破格放在茂陵以西，并继续将对李夫人的情意，寄托在她的两个兄弟身上，宠信李延年和李广利。李广利曾被封为贰师将军，并领大军征服大宛。但可惜这两个兄弟却并未善终，李延年被司马迁的《史记》列为《佞幸列传》第一人，后因弟弟与宫女有染而被诛杀；李广利为将战绩平庸，后来兵败投降匈奴后，又被匈奴人杀害。盛极一时的李氏家族至此全灭。而只有李夫人一人备极哀荣，以皇后礼仪陪葬茂陵。在武帝死后，昭帝即位，大将军霍光辅佐朝政，依照武帝的平素意愿，在宗庙中以李夫人配享祭祀，并追加尊号为孝武皇后。

3. 天下高訾（zī）齐聚茂陵

茂陵邑位于今秦汉新城南位镇道常村以北、史村以东，东至陈阡村东的范围之内。茂陵邑平面为长方形，东西长约 1800 米，南北宽约 1500 米，面积 2.8 平方千米。茂陵邑内道路纵横，主要的"三横七纵"道路将整个陵邑分割成大约 30 个矩形空间，在茂陵邑范围内，发现有大量的建筑砖瓦堆积，还有陶窑遗址多处。

汉武帝时代是西汉王朝的鼎盛时期，茂陵邑的居民和人口情况也能从侧面反映这一时代的特点。汉武帝修建茂陵后，曾三次徙民于茂陵邑。所徙居民为全国各地的豪杰、官吏和家产"三百万"以上的家族。他们可以分为两类：一类是官吏，大多是当地统治者，不少人地位相当高，像东汉马援的祖先，就是以"吏二千石"的官级由邯郸徙居茂陵的；另一类是各地"豪富"，徙居茂陵邑要有"三百万"家资，豪杰郭解要求迁徙茂陵邑，但家资不足，欲徙不能，欲罢不忍，后来由于诸公相赠，积资千余万，才如愿以偿。这样一来，茂陵邑中集聚了当时天下一大批富豪，如挚氏"为天下高訾"，袁氏的家童多达千人，马氏"资产巨亿"。这些人"致富"手段多种多样，如茂陵邑中的焦氏和贾氏，曾经投资千万，购买储存营建陵墓的"炭苇"。适逢汉昭帝崩，急需修筑陵寝，办理丧事，他们认为时机已到，囤积居奇，大发横财。茂陵邑人口，按《汉书·地理志》的统计，有 6 万户，如果每户按 5 人计，茂陵邑人口就有 30 多万人，比当时首都长安的人口还多 6 万人。

茂陵邑的特殊地位，吸引了一大批社会著名人士，其中不少人在西汉王朝的历史舞台上扮演过重要角色，或建立了光辉业绩，如董仲舒、司马相如、司马迁等。

4. 星罗棋布的陪葬墓

茂陵陪葬墓区在陵园东侧，分布面积约 12.5 平方千米，据历史文献记载，茂陵陪葬墓已发现的有 30 余座，尚有封土 10 余座。封土形状有覆斗形、圆锥形、山形等。经过考古调查，现已确证的有卫青、平阳公主、霍去病、金日磾、霍光、董仲舒、公孙弘、李延年、上官安、上官桀、敬夫人，以及京兆曹氏等。此外，像大侠原涉这样的豪杰也在茂陵"买地开道""治冢舍"。除李夫人墓位于茂陵西北侧近处、公孙弘墓位于茂陵以西较远处之外，其余大部分陪葬墓都分布在茂陵陵区东边。这些星罗棋布的陪葬墓冢，成为茂陵名胜古迹的一道壮丽的风景线。其中尤以霍去病墓最为突出，是整个茂陵园区的一大亮点。

卫青墓

卫青（？—前106），字仲卿，河东平阳（今山西临汾市西南）人。他的母亲是平阳公主的家奴，因丈夫姓卫，她就被称为卫媪。平阳公主原号阳信长公主，是汉武帝的姐姐，因嫁与平阳侯曹寿（汉初名臣曹参之玄孙）为妻，所以也称平阳公主。卫媪丈夫死后，她仍在平阳侯家中帮佣，与同在平阳侯家中做事的县吏郑季私通，生了卫青。家奴和私生子的双重身份，使卫青从小就受尽了苦难和欺凌。卫青长大后，不愿再受郑家的奴役，便回到母亲身边。平阳公主看到卫青已长成了一个相貌堂堂的彪形大汉，非常喜欢，就让他做了自己的骑奴。

公元前139年（建元二年）春，卫青的姐姐卫子夫被汉武帝选入宫中。卫子夫入宫不久，就有了身孕，使得汉武帝对她更加宠幸，将她封为夫人。卫青也因此平步青云，先是被招到建章宫当差，然后经建章宫监、侍中等职务一路升迁，官至太中大夫。公元前129年，匈奴兴兵南下，汉武帝分兵四路迎击匈奴，只有卫青所率部队大获全胜。汉武帝因此对卫青大为赞赏，加封关内侯。

公元前106年（元封五年），卫青去世。汉武帝命人在自己的茂陵以东900米之地，特为卫青修建了一座像庐山（匈奴境内的一座山）的坟墓，以象征卫青一生的赫赫战功。卫青墓冢，底部南北95米、东西70米，顶部南北18米、东西4米，冢高21米。

霍去病墓

霍去病墓位于秦汉新城南位镇道常村西北约220米，茂陵博物馆内，西距茂陵约950米。是一座存有封土的墓葬。

霍去病（前140—前117），河东平阳（今山西临汾市西南）人。孝武卫皇后（卫子夫）及卫青的外甥。霍去病自幼刻苦习武，练就了一身过硬的骑射功夫。霍去病18岁便随舅舅卫青出击匈奴。出征时，汉武帝封他为骠姚校尉。霍去病果然剽悍骁勇，他带领轻骑，远离汉军大营，轻率锐兵，长驱数百里，歼敌2000多，超过了所带骑兵人数的两倍，还捕获了单于的相国和叔父等高级官员。汉武帝闻讯大喜，封霍去病为冠军侯，意指勇武善战居诸军之最。

公元前121年（元狩二年），霍去病升为骠骑将军，率骑兵10000人，从陇西郡（今甘肃临洮）出塞，攻击匈奴。他进军神速，转战6天，越过焉支山500多千米，斩杀匈奴汗国的两个大酋长，俘虏浑邪王的王子、相国、都尉，取得了捕杀近万人的大捷。又孤军挺进 1000 多千米，抵达祁连山，生擒匈奴的两个王和相国、都尉等一批首领。这一年霍去病的两次出击，是两次决定性的大战役，摧毁了匈奴的有生力量，加剧了匈奴上层的矛盾。匈奴受到这次致命的打击，悲哀叹息："亡我祁连山，使我六畜不繁息。失我焉支山，使我嫁妇无颜色。"（《史记·匈奴列传》索隐引《西河旧事》）此后，"漠南无王庭"，匈奴迁徙漠北，河西走廊正式归属汉朝管辖，丝绸之路自此通畅。

公元前 117 年（元狩六年）年仅 23 岁的霍去病病逝。汉武帝为纪念他的战功，在茂陵东北为其修建大型墓冢，状如祁连山。

金日䃅墓

金日䃅（前 134—前 86），字翁叔，是汉武帝时期一位匈奴出身的朝廷重臣，也是一位有着远见卓识的匈奴政治家。本名日䃅，由于他曾铸铜人像（又称金人）以祭天，遂被汉武帝赐姓"金"，称金日䃅，从此他的子孙就都姓了金。

金日䃅是匈奴休屠王的太子。河西之战使 14 岁的金日䃅与母亲、弟弟金日伦一起成为汉朝的"降虏"。金日䃅被安排在黄门署养马，由于他从小生活在草原上，精通马术，因此，宫廷的马经他调养，匹匹高大肥壮，被汉武帝器重，拜为马监，又提升驸马都尉、光禄大夫。汉昭帝初年，遵照汉武帝的遗嘱，封金日䃅为秺（dù）侯，但金日䃅以昭帝年少而不受封。第二年，金日䃅病重，汉昭帝又封他为秺侯，金日䃅才在病床上接受了印绶。公元前 86 年（始元元年）9 月，金日䃅病逝于长安，年仅 49 岁，谥为"敬侯"。

《汉书·金日䃅传》载：金日䃅死时，皇帝"赐葬具冢地，送以轻车介士，军阵至茂陵"，陪葬于武帝茂陵之旁。金日䃅墓在霍去病墓东邻，形如覆斗，冢底部边长 41 米，宽 36 米，冢高 11.2 米。

霍光墓

霍光（？—前 68），字子孟，河东平阳（今山西临汾市西南）人，是霍去病的同父异母弟。公元前 119 年（元狩四年），霍去病率军抗击匈奴，返回时，路过河东郡老家，将其弟霍光带到长安。这时霍光才 10 岁，武帝封霍光为郎官，后迁升为侍中。其兄霍去病死后，霍光升为奉车都尉光禄大夫。他出入殿门、皇帝禁区卧室 20 余年，谦恭谨慎，未曾有错，颇得武帝信任。公元前 87 年（后元二年），武帝于陕西周至县五柞宫病危。霍光、金日䃅、上官桀、桑弘羊在武帝病榻前受遗诏辅幼主，由大将军霍光摄政国事，汉武帝又命画师画了一幅《周公背负周成王朝见诸侯像》，赏赐给霍光，希望他能像周公一样担起辅佐幼主之责，可见其受器重的程度。

霍光是西汉王朝的"三代重臣"，历经武帝、昭帝、宣帝三朝，可称汉朝中兴名臣。随着时间的推移，霍光愈发位高权重，渐有功高震主之势。他辅佐汉昭帝长达 13 年之久，在朝中党羽众多，根深势大，史称自汉昭帝以来："政事一决于光"。在昭帝去世后，他又力排众议，扶持昌邑王刘贺为皇帝，仅仅过了 27 天，就以荒淫无度等理由将其废掉，后又扶持宣帝即位。其威望和权势之大，连刚即位的宣帝也为此战战兢兢。据《汉书·霍光传》记载："宣帝始立，谒见高庙，大将军光从骖乘，上内严惮之，若有芒刺在背。""芒刺在背"这一成语即由此而来，形象地说明了霍光给年轻的宣帝带来的巨大精神压力。

霍光死后，汉宣帝与上官太后一同到场治丧，将之与萧何相比，《汉书·霍光传》称"赐梓宫、便房、黄肠题凑各一具，枞木外藏椁十五具"，以皇帝级别的葬仪陪葬于茂陵东侧。"黄肠题凑"一名也最初见于《汉书·霍光传》，苏林注："以柏木黄心致累棺外，故曰黄肠。木头皆内向，故曰题凑。"根据汉代礼制，黄肠题凑与玉衣、梓宫、便房、外藏椁同属帝王陵墓中的重要组成部分。但经朝廷特赐，个别勋臣贵戚也可使用，用天子下葬才使用的黄肠题凑，从中可见霍光的身后哀荣之隆盛。

霍光墓位于今秦汉新城南位镇东陈阡村南部，西距茂陵 4000 多米，靠近坡沿，与茂陵东西遥遥相对。墓前有清乾隆时陕西巡抚毕沅书立的记墓碑。墓冢底部长 72 米、宽 64 米、高 19.5 米。

平阳公主墓（羊头冢）

平阳公主（生卒时间不详），为汉景帝之女，王皇后长女，汉武帝同胞长姊。本封为阳信公主，因嫁于开国功臣曹参之曾孙平阳侯曹寿，而又称其为平阳公主。汉武帝驾临平阳府，看中一名歌女，就是后来汉武帝的皇后卫子夫，并且带走了卫子夫的弟弟、平阳公主的骑奴卫青。之后卫青在汉匈大战中立下赫赫战功，使得大汉北方边境得以长治久安。这些都与平阳公主慧眼识才分不开。汉匈大战之后，正逢平阳公主寡居，要在列侯中选择丈夫，许多人都说大将军卫青合适，平阳公主笑着说：他是我从前的下人，过去是我的随从，怎么能做我的丈夫呢？左右说："大将军已今非昔比了，他现在是大将军，姐姐是皇后，三个儿子也都封了侯，富贵震天下，哪还有比他更配得上您的呢。"于是二人成婚。平阳公主死后，与卫青合葬，并且都陪葬茂陵。

在茂陵陵园东司马门以东约 2100 米处，东司马道南侧，分布着东西并列的 5 座陪葬墓。其中最西面的一座，是这群陪葬墓中离茂陵最近的一座，也是这 5 座陪葬墓中现存封土最大的一座。封土底部南北长 95 米、东西宽 64 米、冢高 22 米。由于封土南端高大，北端低小，呈羊头状，所以当地人称为"羊头冢"。根据墓南侧第一号陪葬坑中出土的刻记有"阳信家"铭文的 18 件铜器分析，又据《史记·索引》按引如淳云：平阳公主"本阳信长公主，为平阳侯所尚，故称平阳公主"。此墓即汉武帝之姊阳信长公主之墓，从葬坑出土器物即阳信公主家之物。

1981 年，考古工作者对阳信公主墓陪葬坑进行了勘察，共钻探出 39 个陪葬坑，陪葬坑主要分布在墓南和墓北，并发掘了其中的一座。出土有铜器、铁器、漆器、铅器等 230 多件。这些珍品反映了西汉时期最高的工艺水平，此外，还有提链炉、温手炉、灯、锤、甗、甑、盆、匜、鼎、温酒器、斗、铫、臼、虎镇等铜器。名贵的漆器做工精细。车马器是随葬品中的大宗。出土的 1 辆小车和 10 匹小马，均为木质，表面髹漆。残留金属小车器、马饰等 19 种，计 121 件。其中有 18 件刻有公主"阳信家"名号并记器物名称、高度、重量、容量、产地、制作或购买年月。在这批器物中最引人注目的是鎏金铜马和鎏金银铜竹节熏炉。

5. 茂陵石刻群——大汉开疆拓土的写照

在茂陵陪葬墓，霍去病墓前现存石刻 16 件，这组石刻群是一个时代的缩影，是胜利的丰碑，是汉武帝开疆拓土的真实写照；同时，它们也是开一代风气之先的创新之作，体现出大汉盛世蓬勃向上的时代精神。

霍去病 18 岁领兵作战，曾先后 6 次出兵塞外，获得大捷，打通西域，官至大司马骠骑将军，封冠军侯。公元前 117 年病逝，汉武帝为纪念他的战功，在茂陵东北为其修建大型墓冢，状如祁连山。封土上堆放着巨石，墓前置石人、石兽等。

霍去病墓前石刻依石拟形，稍加雕刻，手法简单，个性突出，风格浑厚，是我国现存时代最早、保存最完整的一批大型石雕艺术珍品。墓前石刻现存 16 件。可辨识的象生 14 件，其中有 3 件各雕两形，总共有 17 件。计有怪人、怪兽吃羊、卧牛、人抱兽、卧猪、跃马、马踏匈奴、卧马、卧虎、卧象、短口鱼、长口鱼、獭、蟾、左司空刻石和平原刻石。从铭文刻石推断，这批石刻当是少府左司空监造的。这组石刻，线雕、圆雕和浮雕运用得当，有的注意形态，有的突出神情，形神兼备。看到这批石刻，人们眼前不由得浮现出祁连山古战场上抗击匈奴的场面：那里有深山荒原、有凶猛野兽，险恶的自然环境越发反衬出北征将士们不畏艰难、英勇善战的精神。

霍去病墓前的这组石刻，对以后中国历代陵墓石刻的影响极其深远，主要表现在陵墓石刻的题材与组合方面：如霍去病墓的石虎，实际上成了魏晋时代陵墓前石刻的辟邪前身，后者不过是虎（或狮）的异化体。至于达官贵人墓前列置石虎，沿袭的时代更长。墓前列置石马，比其他石刻持续的时间都长，扩及的范围都广。像唐太宗李世民昭陵的"六骏"，就与霍去病墓的石马主像寓意相近。此外，以石人、石象等饰墓，亦为后代所仿效。

西汉五铢钱

武帝时开始铸造，流通时间长达 700 年之久。现藏于陕西历史博物馆

五铢钱范

现藏于陕西历史博物馆

彩绘陶马

马呈立姿，身高体健，膘满臀圆，骨骼粗壮，胸肌异常宽阔，是武帝时期征讨大
宛得到西域良马后的改良品种。茂陵出土。现藏于茂陵博物馆

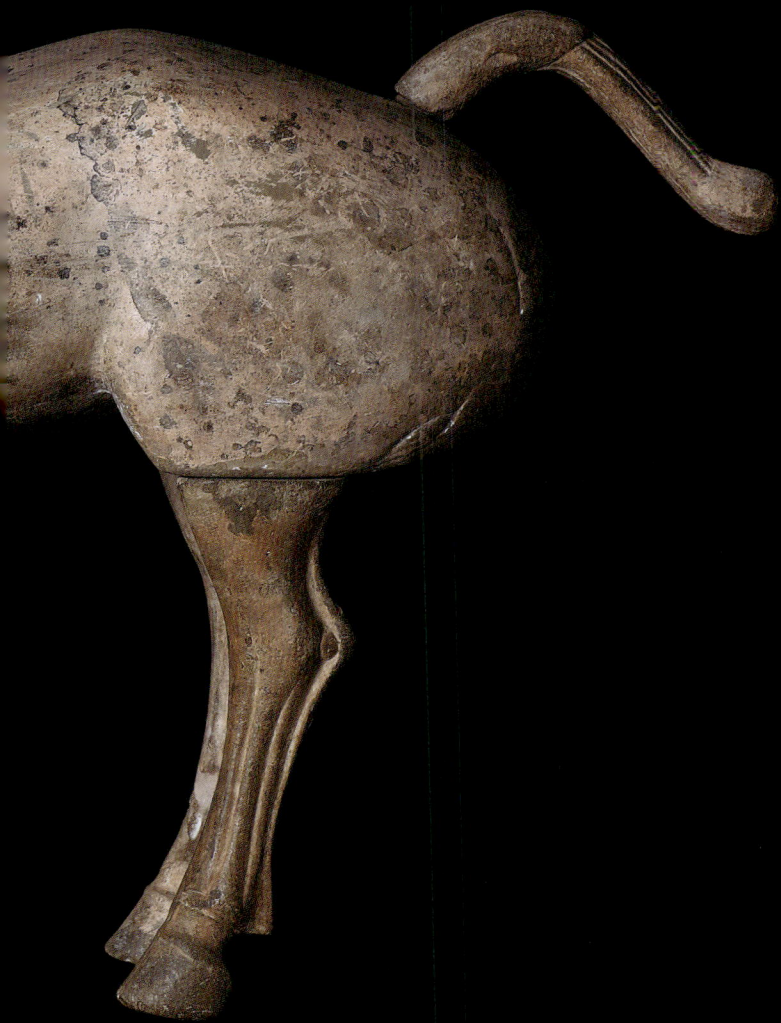

奇华宫五足青铜炉　西汉宫廷取暖炉。口微敞，平折沿，直腹，平底，外腹施四道凸纹与五枚狮首含环，下设狮形足。其外口沿下有铭文 29 字："奇华宫铜输炉，容一斗二升，重十斤四两，天汉二年工赵博造，护守亟贤省。"奇华宫即奇华殿，在汉长安城西，建章宫旁。《三辅黄图》载："奇华殿，在建章宫旁，四海夷狄器服、珍宝、火浣布、切玉刀、巨象、大雀、狮子、宫马充塞其中。"天汉二年为武帝时期。装饰其上的狮子造型为以往青铜器装饰所未见。汉武帝时，张骞出使西域，开通了"丝绸之路"后，狮子才自西域传来中原，因此这件文物也是中外艺术交流的实物见证。现藏于西安博物院

昆阳乘舆鼎

口沿下至腹弦纹间铸 7 行 35 字铭文："昆阳乘舆铜鼎一，有盖，容十斗，并重六十六斤，三年阳翟守令当时宁丞千秋、佐乐、工国造。"现藏于西安博物院

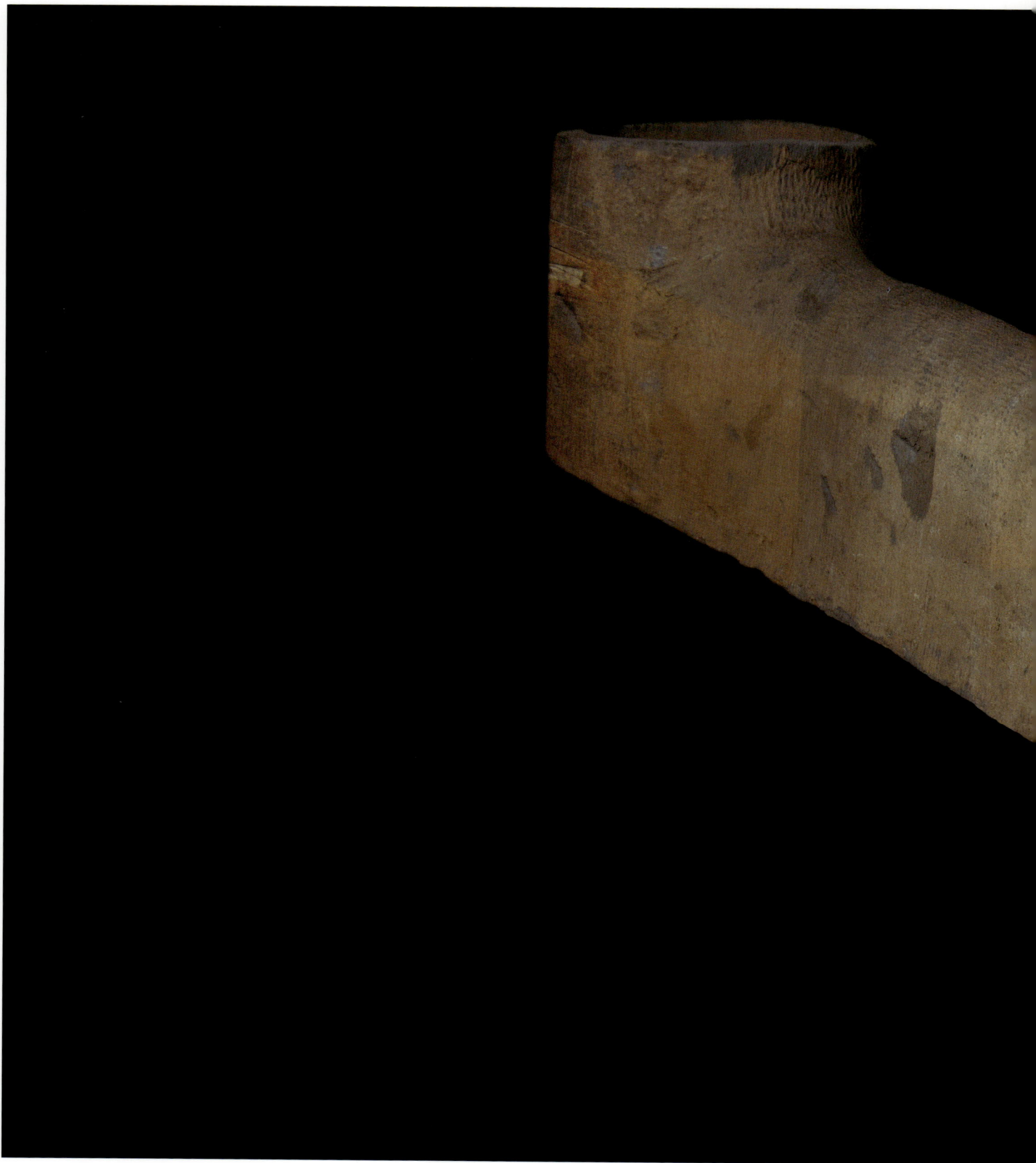

拐角形水道管

长 138 厘米，高 31 厘米。水道管斜断面呈马蹄形，面饰方圆相间的云雷纹图案，
尾部呈直角，适宜于高坡排水。这个水道管出土于茂陵邑遗址，很可能是当时城
内的排水道。现藏于茂陵博物馆

铜臼、铜杵

捣药用具。现藏于陕西历史博物馆

铜漏壶

圆筒形，高 32.3 厘米，直径 10.6 厘米，是中国古代的计时器。盖上有托时辰标尺的支架，且有条形孔可穿壶浮标。壶底部有一滴水的短流，随着壶底漏嘴的滴水，造成浮标均衡的水平下降，以此来标示时辰。为研究西汉计时科学的重要实物资料。现藏于茂陵博物馆

铁齿轮

齿轮是组成机械装置的重要部件之一。中国古代文献中虽然难见专门关于齿轮的文字记载，但是却对
应用齿轮的机械装置和设备有相应记录。汉代时期的机械，就有计算里程的记程鼓、测方向的指南车、
记时器漏壶、运载工具木牛流马等，推断这些仪器均采用了齿轮。现藏于陕西历史博物馆

陶兔

现藏于茂陵博物馆

青铜鼠

现藏于茂陵博物馆

塑衣式彩绘男立俑

现藏于茂陵博物馆

1. 襄衣式男立俑　2. 塑衣式彩绘女立俑

现藏于茂陵博物馆

1

1. 四神纹玉雕铺首   2. 谷纹琉璃璧

1. 高34.2厘米，宽35.6厘米，厚14.7厘米，重10.6千克，是由一整块玉雕琢而成，其外表呈青绿色，下有凸钮，四角
呈圆弧形，分别碾琢成当时流行的青龙、白虎、朱雀、玄武四神像。器物下方以环钮为鼻梁，上连粗眉和暴起双眼，形
成大兽面；下缘则以8条竖纹勾勒出宽大的排牙，是汉代蓝田玉雕中最为精美的一件。铺首，是中国古代装置门环的兽
首底座，多为金属质地，玉质铺首少见，四神纹饰的玉质铺首更少见。考古发掘至今所得仅为一件。四神纹玉雕铺首是

2

当时人借"四灵"祥瑞驱邪避灾的产物，其中多种动物的特征变化，反映出设计者丰富的想象力和浓郁的审美情趣，极富艺术观赏价值。它为研究汉代建筑史和工艺美术史提供了宝贵的实物资料，是一件国宝级的文物。1974 年发现于茂陵陵园。现藏于茂陵博物馆

2. 我国古代也把玻璃称为琉璃。据记载，喜好神仙的汉武帝，其起祠神屋的门窗皆"琉璃为之，光照洞彻"。可见当时琉璃制作工艺已十分高超。文件谷纹琉璃璧，其成分是以金属铅为主的铅玻璃，呈深蓝色，为半透明体，十分罕见。现藏于茂陵博物馆

四神空心砖

现藏于茂陵博物馆

雁足灯

上有环形灯盘，方口唇，直壁平底，内有芯；下设灯柱与座，柱与座为雁腿及四爪雁足，雁足直立，上部有涡形纹饰，底附加马蹄形托板，造型奇特古朴。汉代青铜器的生活日常用器大大增加，灯是其中一例。现藏于陕西历史博物馆

铜牛灯

现藏于陕西历史博物馆

"道德顺序"瓦当

现藏于茂陵博物馆

"光耀西宇"瓦当

现藏于茂陵博物馆

"加气始降"瓦当

现藏于茂陵博物馆

"屯美流远"瓦当

现藏于茂陵博物馆

"泱茫无垠"瓦当

现藏于茂陵博物馆

"与民世世·天地相方·永安中正"十二字瓦当

现藏于茂陵博物馆

卫青墓与霍去病墓

卫青墓与霍去病墓相邻，远望如峰峦相连。左为卫青墓，右为霍去病墓

霍去病墓前墓碑

题刻为"汉骠骑将军大司马冠军侯霍公去病墓"

马踏匈奴石刻雕像

石刻雕像高 1.68 米、长 1.90 米，历来被公认为霍去病墓石刻中的主体雕刻，是一件有代表性的纪念碑式的杰作。它以写实与浪漫相结合的手法，使用一人一马对比的形式，构成一个高下悬殊的抗衡场面，揭示出正义力量不可摧的主题。

雕刻家把马的形象刻画得孔武有力，象征着当时汉军实力的强大。马腹下的匈奴人，仰卧地上，左手握弓，右手持箭，双腿蜷曲，作狼狈挣扎状，蓬松零乱的须发，带着既不甘心就缚，又无可奈何的表情。这显然是用以歌颂霍去病的业绩，昭示出来犯者的下场。表现技法是运用圆雕、浮雕及线刻的综合方式，使作品显得朴实、浑厚。题材处理得相当大胆而且巧妙，有丰富的表现力和高度的概括性。现藏于茂陵博物馆

阳信家铜锺

高 44.3 厘米，口径 16.5 厘米，底径 19.1 厘米，制作工艺精美，体形浑厚饱满，表现出在实用
器物设计上的汉代审美观念，锺上镌有"阳信家铜锺容十斗重卅九斤"的铭识，从中可以看出
当时的度量衡制度。现藏于茂陵博物馆

阳信家铜温手炉及盛盘

盖面套一小珠，盖面镂饰柿蒂纹及"S"纹。盖沿外侧镶铭文一行 8 字："阳信家铜温手炉盖。"炉身下腹外侧铭文："阳信家铜温手炉。"椭圆形承盘外侧刻铭文："阳信家铜温手炉承盘，重二斤四两。"这是现有较早的关于手炉出现的记录。1981 年茂陵陪葬墓阳信公主墓从葬坑出土。现藏于茂陵博物馆

茂陵博物馆所藏阳信家铜温酒器、温手炉、四神纹染器（从左至右）

鎏金银竹节铜熏炉

铜炉通高 58 厘米、口径 9 厘米、盖高 6 厘米、底径 13.3 厘米，系博山炉形式，由炉体、炉柄分铸铆合而成，
为国宝级文物。炉盖口外侧刻铭文一周 35 字："内者未央尚卧，金黄涂竹节熏炉一具，并重十斤十二两，四
年内官造，五年十月输，第初三。"底座圈足外侧刻铭文一周 33 字："内者未央尚卧，金黄涂竹节熏炉一具，
并重十一斤，四年寺工造，五年十月输，第初四。"1981 年茂陵从葬坑出土。现藏于陕西历史博物馆

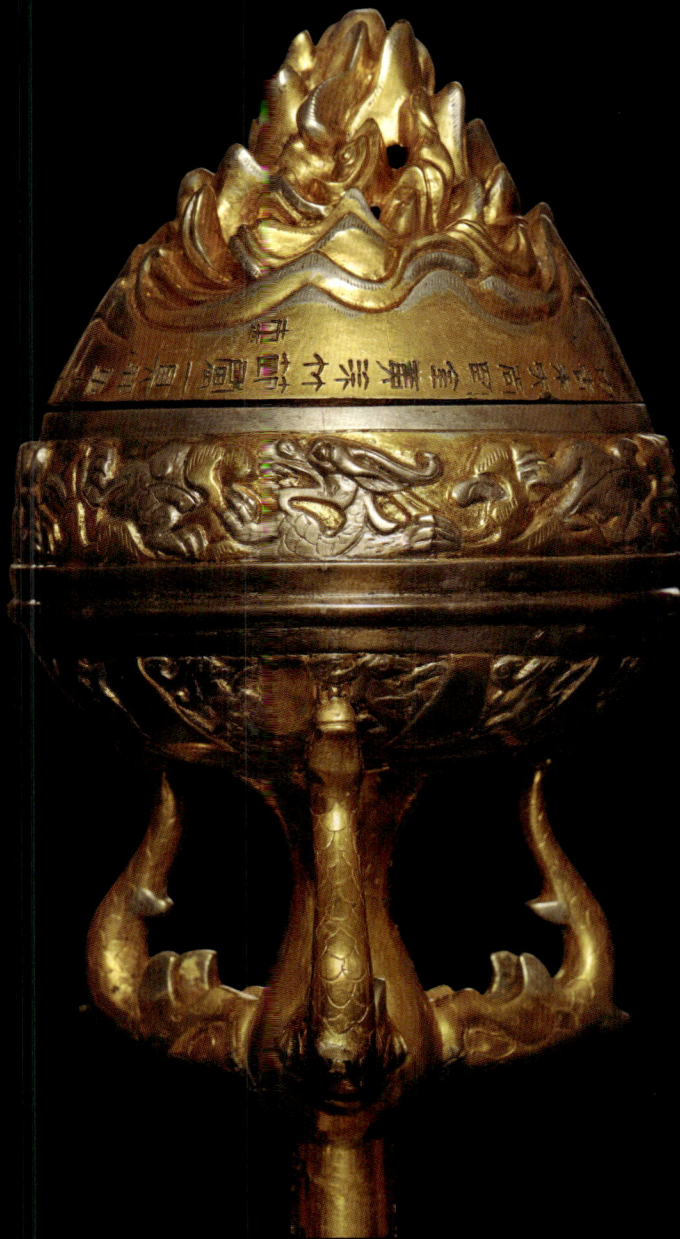

鎏金银竹节熏炉细部

这座熏炉盖如博山，子母口，底作圈足，铸出蟠龙2条，竹节形柄出自龙口，柄上端有蟠龙3条承托炉盘，炉盖口外侧和底座圈足外侧均刻有铭文。熏炉是古代的熏香器，一般由器身和上盖两部分组成。器盖多作山形，山峰间有缝隙，在器身中点燃香料，香烟就由器盖的缝隙中散出，弥漫于室中。器盖的山形往往又寓意传说中神仙居住的博山，所以这种熏炉多称博山炉。

卧马

高 1.14 米，长 2.60 米。作品原型为久经战阵的战马。形象刻画生动，战马神态
警觉，随时准备奋蹄而起，随主人冲锋陷阵

跃马

高 1.50 米，长 2.40 米。这件石刻将马的体形与石块的天然形状配合得十分妥帖，随形就势，巧夺天工。形象准确生动，惟妙惟肖地表现了一匹骏马腾跃时的瞬间动作

人与熊

高 2.77 米，宽 1.72 米。这是一件浪漫主义色彩浓厚的作品，以人与熊格斗为题材，描写了惊
心动魄的场面。石人体形粗壮，高额深目，隆鼻大嘴，耸起双肩，以大手用力紧抱住一只野
熊，熊则狠咬此人的下唇，斗得难解难分，被咬的人则咧开大嘴，场面可谓绘声绘色

伏虎

长 2 米，宽 0.84 米。匠师选用规则的波浪式起伏的石料，利用石块的粗糙自然面，运
用线体相扭的造型手法，把凶猛而桀骜不驯的"虎性"表现得淋漓尽致。虎身斑纹异
常生动，显得更有"虎威"。目前所知我国古代冢前列置的石虎，以霍去病墓为最早

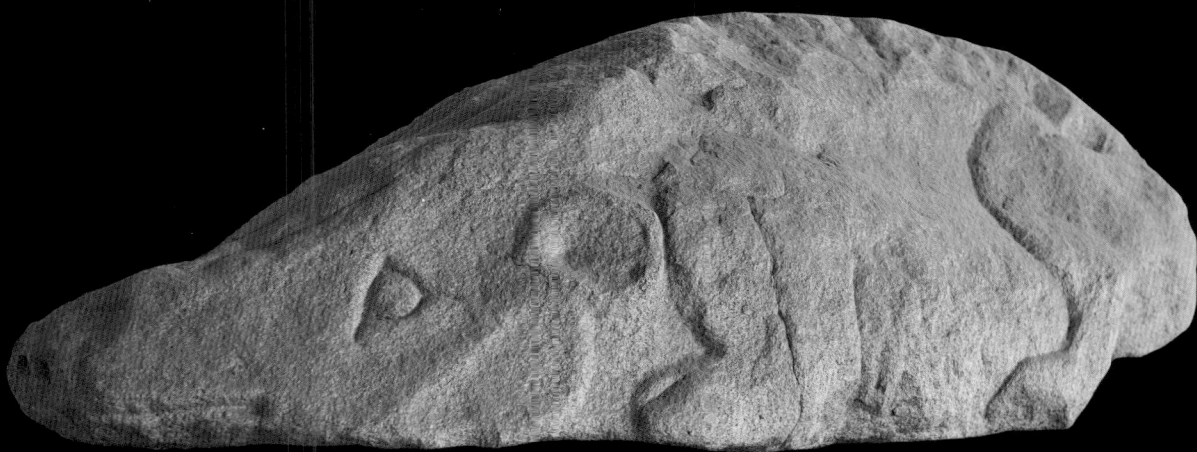

1

2

1. 野猪   2. 卧马

1. 长 1.63 米，宽 0.62 米。作品所取的环境是象征霍去病征战所至的祁连山少

有人迹之处，山深林密、野兽出没，更能使观者借此想象祁连山战役之艰险

1

2

1. 卧牛　　2. 石蟾

3

4

3　卧象　　4　怪兽吃羊

汉昭帝平陵封土

六

汉 昭 帝

刘弗陵（前 94 — 前 74）

平陵

在秦汉新城双照街道办大王村东南有两座巨大
的陵冢，
彼此遥相呼应，
相互守望了两千多年。
这就是汉平陵，
是汉昭帝刘弗陵与孝昭上官皇后的合葬陵。

1. 刘弗陵——天妒英才

刘弗陵（前 94—前 74）是汉武帝与赵婕妤（钩弋夫人）之子，武帝晚年，身染重病，为了稳定政局，便匆匆立年仅 8 岁的刘弗陵为皇太子，在此之前，武帝为了防止自己死后主少母壮，吕后之事重演，将刘弗陵的生母赵婕妤赐死，并遗诏大司马大将军霍光等元老辅政。武帝去世，刘弗陵即位，是为汉昭帝。

针对武帝末年因对外战争、封禅等所造成的国力严重损耗，在霍光等元老大臣的辅佐下，昭帝多次下令减轻人民负担，罢不急之官，减轻赋税，与民休息。

对外方面，昭帝改变武帝时对匈奴长期作战的政策：一方面加强北方戍防，多次击败进犯的匈奴、乌桓等，另一方面重新与匈奴和亲，以改善双方的关系。从而使得武帝时期的大规模战争停止下来，有助于国内的经济恢复与发展。

在经济方面，因武帝实行盐铁专卖引起天下议论，昭帝于公元前 81 年（始元六年）召开"盐铁会议"，对武帝时各方面政策进行讨论。这次政策大讨论的情况，保存在桓宽所编著的《盐铁论》一书中。

昭帝虽然年轻，但不乏英才。公元前 80 年（始元七年），武帝亲选的顾命大臣上官桀和桑弘羊勾结燕王刘旦，诬陷霍光，被 15 岁的汉昭帝识破阴谋，他果断决定支持霍光，由此而保住了帝位。不久，刘旦等阴谋政变，汉昭帝在霍光辅助下，诛杀了桑弘羊、上官桀，逼刘旦自杀，成功地避免了一场政变。宋代洪迈《容斋随笔》云："汉昭帝年十五，能察霍光之忠，知燕王上书之诈，诛桑弘羊、上官桀，后世称其明。"昭帝时，因内外措施得当，使汉朝逐渐走出汉武帝晚期疲敝境况。史称"百姓充实，四夷宾服"，开创了"昭宣中兴"的大好局面。

公元前 74 年（元平元年）4 月，昭帝去世于长安未央宫，年仅 21 岁，在位 13 年，葬于平陵。"平"即语气平和舒顺之意。昭帝陵称平陵，是寄托了汉室平安的愿望。

2. 争议千年的帝后陵

汉昭帝的平陵在何处？历史上很长一段时间存在争议。传平陵在今秦汉新城周陵街道办新庄南面，陵前有陕西巡抚毕沅立碑，上书"汉昭帝平陵"。关于昭帝平陵的地望，文献记载很清楚，上述传说显然是"张冠李戴"。平陵与茂陵毗邻，两者东西相距6000米。《水经注》载：郑国渠由西向东流过咸阳原南面，沿途所经过的西汉诸陵，依次为茂陵、平陵、延陵、渭陵等。汉昭帝平陵，位于今秦汉新城双照街道办大王村东南，咸阳原西端。

平陵在茂陵以东6000米，平陵夯筑封土，平面呈方形，底部边长160米，顶部边长49米，封土堆高26米。封土垂直距顶部2米处内收成二层台（所谓"英陵"形式，"山形两重者名英"），东、西台宽4米，南、北台宽3米。考古钻探发现，平陵内帝陵、后陵陵园大致均为方形，陵墓为覆斗形封土，四边有夯土陵墙，陵墙中部有阙门，外有环陵路。陵园西北角有面积较大的建筑遗址，残存大量汉代砖瓦。还有方形沙石页柱础和砖砌八角形水井，估计是守陵人员的居室。帝陵陵园居中，东西长378米，南北长362米。帝陵、后陵陵园内均发现有从葬坑，帝、后陵园的外围也有相当数量的从葬坑。

由于昭帝突然发病死去，这使得主管帝陵营建的官员非常狼狈。因为他的陵墓还没有认真营建，于是赶快租用了3万辆牛车，从渭河滩拉沙，构筑地下墓室。尽管如此，昭帝平陵的随葬品仍然是十分丰富的。当时由霍光主持昭帝丧事，墓室中金银珠玉，应有尽有。

平陵东南是汉昭帝"徘徊庙"遗址，庙建筑在一个高3米的夯土台上，今台上仍有汉代板瓦和筒瓦、方格纹方砖、凤纹空心砖、"长生无极"瓦当等。

孝昭上官皇后陵在昭帝陵东南665米处。上官皇后（前89—前37），陇西（今甘肃省天水市西南）人，祖父是左将军上官桀，父亲上官安，外祖父是大司马大将军霍光。公元前83年（始元四年），年仅6岁的上官氏被封为皇后，成为汉代年龄最小的一位皇后。后来上官桀、上官安父子反叛被杀，上官皇后年仅8岁，没有参与祖父的阴谋活动，加上她是霍光的外孙女，所以不但保全了性命，也保住了皇后之位。

公元前74年（元平元年），昭帝死。因无子，遂立昌邑王刘贺为帝，尊上官氏为皇太后，移居长乐宫。刘贺荒淫无行，只做了27天皇帝，就被霍光废去，另立戾太子（汉武帝太子刘据）的孙子刘病已为汉宣帝。刘病已改名刘询，刘询是汉武帝的曾孙，上官氏论辈分是汉宣帝的祖母。这样，年仅15岁的上官氏，被尊为太皇太后，成为中国历史上最年轻的太皇太后。之后，太皇太后上官氏不问政事，在长乐宫中颐养天年。公元前37年（建昭二年），太皇太后上官氏去世，时年52岁，与昭帝合葬于平陵。

可能是由于霍光的位高势重，上官皇后的陵园甚至比昭帝陵园规模要大一些，陵园边长420米，陵园四门距封土堆均为125米，封土高29米。

五铢钱范

现藏于凤翔县博物馆

昭帝元凤四年（前77年）造五铢钱陶范

现藏于陕西历史博物馆

梁山宫青铜熏炉　熏炉为铜豆形，用于在室内燃烧熏草，以取其香味。汉朝曾有诗咏熏炉曰"香风难久居，空令蕙草残"。这件来自西汉梁山宫的熏炉工艺精巧，高 14.5 厘米，最大腹径 17 厘米，足径 12 厘米。有盖，单柱如豆形。子母扣，鼓腹如球形。腹部纵向均布 10 个长孔，中间一道凸棱将孔隔为上下两部分。盖钮圆形。盖、腹均刻铭。盖刻"梁山宫元凤五年造"3 行 8 字，腹刻"梁山宫熏炉并重二斤半，元凤五年造"5 行 15 字。现藏于西安博物院

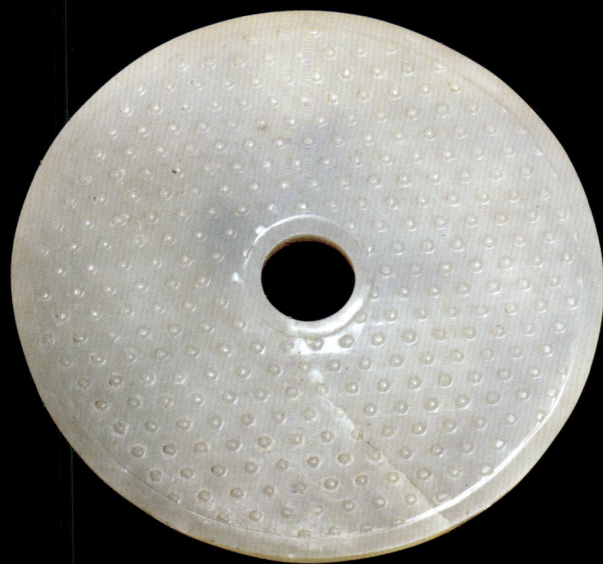

1

2

1. 谷纹玉璧　　2. 夔龙纹玉璧

汉代玉璧数量多，形态各异，寓意丰富，功能多样，有祭祀用玉、象征身份的瑞玉、建筑装饰用玉、人体装饰用玉、丧葬用玉，或用于丧车、棺饰、殓尸等。现藏于陕西历史博物馆

汉宣帝杜陵封土

七

汉 宣 帝
刘询（前92—前49）

杜 陵

在西安市雁塔区三兆村南，
有一片高大的塬地，
在这片塬地上，
矗立着一座高大的帝陵，
这就是汉宣帝的杜陵。
杜陵是长安的游览胜地，
文人学士常会集于此，
登高览胜，
吟诗作赋，
留下了许多著名诗篇，
"南登杜陵上，
北望五陵间。
秋水明落日，
流光灭远山。"
唐代诗人李白的《杜陵绝句》，
让后人对杜陵产生了无穷的遐想。

1. 刘询——西汉的中兴皇帝

刘询（前 92 —前 49）可谓是西汉的中兴之君。他的经历在西汉皇帝中堪称最为坎坷，也是中国历史上第一位即位之前受过牢狱之苦的皇帝。他原名病已，为武帝的曾孙，戾太子刘据的孙子，其父为刘进。刘询幼时遭难多病，故小名"病已"。后改名"询"，有询问自己身世之意。在刘询出生后不久，其祖父因遭"巫蛊之祸"而被逼自尽，祖母和父母受株而死。尚在襁褓中的刘询被收监入狱，幸得当时的廷尉监丙吉暗中照顾才得以保命。后遇到朝廷大赦，他的皇族身份得到恢复。昭帝死后，霍光等人先拥立昌邑王刘贺为帝，不久因昌邑王荒淫无度而废黜，霍光便从民间将其迎入宫中，先封为阳武侯，同年 7 月刘询即位为帝。

宣帝即位初期，手中并无实权。他面对愈来愈猖獗的霍光一族的专权，采取韬光养晦的策略，静待时机。霍光死后，霍氏一族密谋造反，早有准备的宣帝下诏将其党羽一一铲除，足见宣帝的才干和胆略。自此，宣帝开始亲政。

由于长期生活在民间的经历，宣帝能够理解百姓疾苦，直接影响了他的施政方针。他亲自处理政事，令群臣得奏封事，以知下情，并安排流民，救济灾民。他还特别重视吏治，多选用熟悉法令的人做官；以刑名考核臣下；设置治书御史（后增设廷尉史）审核廷尉量刑是否适当；废除某些苛法。此外，宣帝还采取另一些重要措施，改善民生，包括招抚流亡，假民公田，设常平仓，蠲减赋税，以此安定民生，恢复生产，取得了显著的成果。

与武帝时重用酷吏不同，宣帝还提拔了许多循吏，不专任儒家，而是"以霸王道杂之"，推行"王道"与"霸道"并重的政治思想。这也是宣帝最重要的治国思想。如果我们回溯到汉武帝时期的"罢黜百家，独尊儒术"，其实就可以发现，表面上是"独尊儒术"，实际上是"儒法并重"或"外儒内法"。汉武帝只是取儒家积极入世和注重教化的思想，在国家的治理上还是非常注重法治的，并制定和完善了一系列法律制度。后来到了宣帝，才用"汉家自有制度，本以霸王道杂之"（《汉书·元帝纪》）这句话概括了汉朝的治国思想。王道重教化，霸道重刑罚；"王道"与"霸道"在现实中各有利弊，不能偏废一方，"杂之"就是兼收并蓄的意思，用现在的话说就是"两手抓，两手都要硬"。宣帝可谓深得大汉帝王治国韬略之精华。在宣帝看来，单一的"德教"和"周政"不足以治国，必须将教化与刑罚结合起来，才能够治理天下。自此，历代王朝的统治开始进入"霸王道杂之"的历史阶段。汉朝优秀的治国理政思想，至今仍具有很强的现实意义。

宣帝时期，在对外方面也取得超越前人的成就。公元前 60 年（神爵二年），匈奴日逐王率众投降，汉骑都尉郑吉率西域诸国 5 万人迎之。郑吉在西域，破车师、降日逐、威震西域，遂并护车师以西北道，因此号称都护。郑吉在乌垒城（今新疆轮台）设置都护府，督察乌孙、康居等 36 国，使汉朝的号令更好地在西域得到执行。所以《汉书·郑吉传》说："汉之号令班西域矣，始自张骞而成于郑吉。"自此彻底解决了困扰汉朝一百多年的匈奴带来的边患问题，也使天山南北的广袤地区正式纳入西汉王朝政权的管辖范围。

宣帝又派赵充国平定羌乱，把现在青海东北部纳入帝国的版图，使河西走廊不再是一条长带，而是与其他大汉国土连成一片。这些举措对促进西域生产发展、保证丝绸之路来往畅通，起着极其重要的意义。

后匈奴内讧加剧，五单于争立，后发展成了郅支单于与呼韩邪单于两部对立争雄的局面。汉宣帝乘机扶立呼韩邪单于，呼韩邪单于感其德，于公元前51年（甘露二年）来长安向汉宣帝称臣，宣帝对其以客礼待之，位在诸侯之上。在汉匈关系上，汉宣帝时期可谓开前代未有之举。

宣帝在位26年，在他统治期间，大汉出现了政治清明、社会和谐、经济繁荣、"吏称其职，民安其业"的景象，甚至还有史家说，宣帝统治时期是汉朝武力最强盛、经济最繁荣的时候。刘向在《风俗通·正失篇》中对汉宣帝大加赞赏，曰："政教明，法令行，边境安，四夷清，单于款塞，天下股富，百姓康乐，其治过于太宗（汉文帝）之时。""孝宣之治，信赏必罚，文治武功，可谓中兴。"宣帝以自己的坚韧和勤俭，挽回了武帝时期汉家基业的严重损耗，做到了文武兼备、国泰民安。正是因为如此，在光武帝刘秀建立东汉以后，他给汉宣帝上庙号为"中宗"，把他视为汉朝中兴的人物。这也是西汉最后一个黄金时期。宣帝所开创的中兴壮绩，理应受到后人更多的重视。

然而，百密难免一疏，宣帝在位期间，重用宦官、外戚，开启后来外戚、宦官专擅之祸，又为西汉王朝的灭亡埋下了隐忧。

公元前49年（黄龙元年），宣帝去世，葬于杜陵。在位25年，谥号孝宣。

刘询流落民间时，娶小官吏许广汉女许平君为妻，也是他在民间时的患难夫妻。婚后一年后许平君生了个儿子，就是后来的汉元帝。不久刘询即帝位，霍光有意让女儿霍成君为后。在霍光的压力下，宣帝却坚持封许平君为皇后。霍光的妻子却从此深恨许平君，觉得她抢了女儿霍成君的皇后之位。公元前71年（本始三年），刚刚当了3年皇后的许平君，就被霍光的妻子勾结御医淳于衍用毒药害死。得知此事的霍光大惊失色，深知这是杀头大罪，但最后选择了帮忙掩瞒。失去自己结发爱妻的宣帝隐忍不发，等候时机。许皇后死后葬于杜县之南。因其又在以后兴建的杜陵之南，所以史称杜陵南园。

霍光的妻子毒死许平君以后，使宣帝立自己的女儿霍成君为皇后。霍光死后，此事败露，霍氏谋反未遂，家族被夷。霍皇后也被废。12年后，她自杀于云林馆，葬在今蓝田县城西南的昆吾亭附近。

霍皇后被废后，宣帝立王婕好为皇后。王皇后（？—前16）祖籍丰沛，其祖先与刘邦同时参加了秦末农民战争，立有战功，西汉初年由丰沛徙居长陵邑。刘询在民间时，与王皇后之父王奉光相识。刘询即帝位后，就把王奉光的女儿召入后宫，封为婕好。王皇后活了70多岁，公元前16年（永始元年）去世，合葬杜陵。

2. 杜东原上的帝后陵

汉宣帝杜陵，位于西安市雁塔区三兆村南，滻、浐两河之间的鸿固原（史称杜东原）上。宣帝之所以将自己的寿陵选在这里，除了昭穆制度的限制，即依照昭穆排列，昭帝刘弗陵之下应为宣帝的父亲史皇孙一辈人，才能昭穆为序；而宣帝为昭帝的孙子辈，在昭穆序列上一致，同一陵区内就无法安置。还有一个原因即这里林深草茂，是当时著名的游览狩猎区。汉宣帝少年流落民间时常在此游玩，对这里怀有很深的感情，酷爱这里的自然环境，故选此作为陵域。

杜陵因建于杜县而称杜陵，杜陵陵冢位于陵园正中，是用夯土筑成，呈覆斗形。现高 29 米，底边长为 170 米，顶每边长 50 米。杜陵东南 186 米处有寝殿建筑遗址。殿堂建筑在一个东西长 51.2 米、南北宽 29.6 米的夯土台基上，南北置 3 门，东西各有 1 门。殿堂四周建有宽 2.1 米、方砖铺地的长廊。廊外有卵石散水。在这个遗址处曾出土大量砖瓦建筑材料和鎏金铜构件。陵墓四面正中各有一条墓道（当时称为羡道）通向地下墓室。每条羡道宽 8 米，四条羡道形制基本相同。由此，我们可以比较清楚地了解西汉帝陵以墓冢为中心的整个陵园的布局。

杜陵陵园呈正方形，每边垣墙长约 330 米，墙基宽约 3.4 米，4 面垣墙正中各辟一门，由门道、左右塾（门道两边称塾，即左塾和右塾）和左右配廊构成。已发掘的东门遗址位于陵墓以东 110 米处，门址的门道和陵东墓道相对门道在门址中部，南北各有夯筑的长方形门墩和左右塾的土台相连，把门道分成内外相同的两部分，门墩四角都有柱槽，至今磨光的柱石犹存。在塾的东西中位，置有南北向隔墙，把塾分为大小相等的前后两部分。左右塾周围是地面呈斜坡状、方砖铺地的廊，廊道外有卵石散水。在东门遗址还出土了方砖、长方砖和长条砖，有的砖上刻画有几何纹和小方块纹。还有大量表面为直绳纹、内为布纹的筒瓦和"长乐未央""长生无极"瓦当等建筑用砖瓦，反映了当年门阙建筑相当宏丽豪华。

杜陵陪葬坑位于陵园之北。1982 年冬，考古工作者钻探出 3 个形制各异的陪葬坑，并对其中一个进行发掘。这个陪葬坑由主室和东室两部分构成，主室深 5.5 米、东西 8.7 米、南北 8.4 米，分成中厢和东、西、南、北四个边厢。东室在主室东南，南北 3.2 米、东西 2.35 米。发掘时曾发现盗洞 12 个，坑内遗物被盗严重，残留遗物也多被破坏。

杜陵寝园位于陵园东南，四周筑有墙垣，平面为长方形，东西长 173 米、南北长 120 米，规模相当大。寝园由寝殿和便殿两大建筑组成，寝殿是其主体建筑，位于寝园西部，东西 107.8 米、南北 110.6 米。大殿筑于长方形夯土台基之上，通宽（东西）13 间房屋，进深（南北）5 间。东西各一门，南北各三门，各门道均为方砖铺地。大殿台基四壁有壁柱，壁柱下有磨制光滑的础石，为牢固起见，柱基还箍上了八角形的鎏金铜锁。

刘询在位期间共册封了 3 位皇后：许皇后、霍皇后和王皇后。杜陵东南 575 米处是王皇后陵。陵墓封土为覆斗形。封土底部和顶部平面均为方形，底部与顶部边长分别为 148 米和 45 米。封土高 24 米。陵园平面呈方形，边长东西 335 米、南北 334 米，墙基宽 3.5 米，陵园四面墙垣中央各辟一门。从已试掘的三座门址和发掘的一座门址来看，四座门的形制、大小基本相同。各门距封土 89 米。

3. 杜陵南园——许皇后陵

　　孝宣许皇后的陵墓在今长安区大兆街道办司马村南，因而有人误以为"司马村"是因西汉大司马霍光墓在此而得名。许皇后陵尽管西北距杜陵 6500 米，仍应属于杜陵茔域，因此史称其墓为"杜陵南园"。因为与宣帝杜陵相比，许皇后陵墓规模小，所以后者又称"小陵"。古代"少""小"二字通假，所以许皇后陵俗称"少陵"。今长安区大兆街道办一带叫"少陵原"，显然这个地名源于许皇后陵墓之名——"少陵"。"少陵原"的名字，最迟到唐代就有了，因此，许皇后陵最晚在那时已称"少陵"了。

　　许皇后陵的封土呈三层台，通高 22 米。封土底部东西长 134 米、南北长 139 米，底台台面宽 8 米、台高 7 米；中台台面南、北各宽 10 米，东、西各宽 12 米，台高 7 米；顶台东西 38 米、南北长 44 米，台高 8 米。这种封土外形，象征"昆仑"。《尔雅·释丘》记载："三成为昆仑丘。"郭璞注："昆仑山三重，故以名云。"中国古人认为，死后人去西天，而昆仑山又是彼岸世界最高统治者的住地。孝宣许皇后陵墓筑成"昆仑"形，当与此有关。

4. 富冠京师杜陵邑

　　杜陵邑在杜陵西北 2500 米，位于今雁塔区三兆村西北，缪家寨村以南。杜陵邑城址为长方形，东西长 2100 米、南北宽约 500 米。公元前 65 年（元康元年），宣帝在杜东原建造陵墓，在帝陵附近营筑了杜陵邑。杜陵邑建成后，杜县更名杜陵，县治移往新址。原来的杜县城，因其比杜东原上的杜陵邑地势低，所以俗称"下杜城"。杜陵邑王莽时改名为"饶安"，东汉时又称杜陵。后魏改杜陵为杜县。公元 573 年（北周建德二年），杜县并入万年县。

　　在封建社会，权力和财富往往是一对孪生兄弟。因此，杜陵邑在经济上也是富冠京师。根据《汉书·地理志》记载，茂陵邑当时有 6 万多户，近 30 万人。刘庆柱先生在对杜陵多次考察后撰写的《西汉十一陵》一书中指出："杜陵邑人口，其实在 30 万以上。"对此，车宝仁先生在他编写的《曲江乡志》中做了详细说明，他认为：第一，杜陵邑是在秦汉杜县的基础上发展起来的，历史很久，一直是周、秦、汉三代的京畿重镇；第二，汉武帝时规定，"赀三百万以上"的富豪才有资格迁居茂陵。而宣帝时，"赀百万"或"赀百万以上"即可徙居杜陵邑，迁徙的政策放宽了；第三，西汉制度是"随陵徙居"，新皇帝即位修筑陵邑，徙居在前朝皇帝陵邑的权臣豪富会随之迁移到新皇帝的陵邑；第四，宣帝之后，汉元帝下诏废除了为帝陵置邑徙民的传统做法，直至西汉末年，再未建成新的陵邑。于是，徙居杜陵邑的达官豪富就此定居下来，杜陵邑就此成为西汉人口众多、名流云集的一方重地。

　　汉宣帝刘询是继汉武帝刘彻之后西汉又一位雄才大略的皇帝。在他执政期间，西汉的国力重回巅峰。杜陵是西汉帝陵中一座非常有代表性的帝陵，也是经过系统考古发掘、保存完整的汉帝陵礼制建筑遗址。

金扣高足玉杯

为汉宣帝御用之物。同时出土的共有三只玉杯，玉质细腻坚硬，据推测，玉杯
上边均束有四道金箍，有的已遗失。2010 年汉宣帝杜陵遗址出土。现藏于西
安博物院

"君宜子孙"双鱼纹铜杆

现藏于陕西历史博物馆

褐釉双耳瓷锺

现藏于陕西历史博物馆

铜盉

酒器。现藏于陕西历史博物馆

三足铜灯

现藏于陕西历史博物馆

陶质圈厕一体模型

西汉前中期，墓葬主要随葬生前实用器物。中期以后，专门为随葬而烧制的明器
显著增多，如陶楼、陶井、陶磨，以及图中的陶圈厕等。现藏于西安唐皇城墙含
光门遗址博物馆

彩绘陶仓

现藏于陕西历史博物馆

陶井

现藏于陕西历史博物馆

汉元帝渭陵封土

八

汉 元 帝

刘奭（前75—前33）

渭 陵

在秦汉新城周陵街道办新庄村东南方向，

矗立着一座高大的帝王陵冢，

它是一座特殊的帝陵，

它打破了从汉高祖以来在帝陵旁设置陵邑的制度，

成为西汉第一座没有陵邑的帝陵，

这座帝陵就是渭陵，

是汉元帝刘奭与王皇后的合葬陵。

刘奭即位后，

亲近儒生，

以儒治国，

昭君出塞的故事更为刘奭的统治留下了浓墨重彩

的一笔。

1. 刘奭——柔仁好儒的皇帝

汉元帝刘奭（shì）（前75—前33），是宣帝刘询与嫡妻许平君生的儿子。他出生几个月后，其父即位做了皇帝。两年后，母亲许皇后被霍光妻毒死。霍光死后，刘奭被立为太子。公元前49年（黄龙元年），刘奭即位，是为汉元帝。元帝及其儿子汉成帝正处于汉代由鼎盛而趋于衰亡的转折期。

西汉的历史，一般以宣、元之间为一界限，分为两个时期。宣帝是"中兴之主"，维持了西汉平稳发展的局面。但从元帝开始，改变了大汉王朝"霸王道杂之"为政之道，片面任用儒家，又导致宦官专权与外戚势力抬头。西汉开始衰落，所谓"元、成、哀、平，一代不如一代"。

史家对元帝的评价是"柔仁好儒"。这个评语应是褒多于贬，至少是褒贬参半。在元帝做太子时，就向宣帝建言："陛下持刑太深，宜用儒生。"宣帝则训斥他说："汉家自有制度，本以霸王道杂之，奈何纯任德教！"（《汉书·元帝纪》）在宣帝以前，基本上实行的是"霸王道杂之"的统治方略。到元帝时期，开始一反前代帝王之制，单崇儒家，纯任德教，治国完全以经学为指导，选官用人完全用儒家标准。所以，汉元帝成为中国历史上"儒化"很深的皇帝。

由于利禄的诱惑，传授、研习儒家经学成为社会的普遍现象，自武帝"罢黜百家，表彰六经"以来，到了元帝时期，经学才真正昌盛起来。不过，元帝以儒治国也留下了负面影响。清初思想家王夫之评价元帝广用儒生之事说："自是以后，汉无刚正之士，遂举社稷以奉人。"以经取士固然为汉王朝选送了大批人才，但由此也误定了许多人读经即为做官，因而在入仕以后只图保持禄位，尸位素餐。尤其是，元帝强调以经取士，使一些只知书本而不省史事的"书呆子"也被选进了各级政府机构，遗患久远。

宣帝时期，随着汉朝国力的增强，匈奴力量一再削弱，汉匈关系发生了历史性的变化。公元前60年（神爵二年）以后，匈奴统治集团内部出现权力之争：初有"五单于争立"，互相不容，屠戮兼并，最后形成呼韩邪单于与郅支单于的对立。到了汉元帝期间，在汉匈关系上出现了两件大事，一是西域副校尉陈汤率军平灭背信弃义、杀害汉使后逃至康居国的郅支单于，留下了"明犯强汉者，虽远必诛"的誓言；一是昭君出塞，汉代出塞和亲的女子比比皆是，而且大多是金枝玉叶的宗室公主，但她们的为人行事，很快都随着历史的长河流逝了，唯独"良家子"出身的昭君却流芳千古。昭君和亲也成为元帝为数不多的历史功绩之一。

元帝在位期间，在外戚、儒臣、宦官三种势力中，始终依赖宦官。这导致他在位晚期，大权旁落，宦官专权，笼罩在西汉王朝政权上的阴影越来越深。

公元前33年（竟宁元年），元帝去世，在位16年，葬于渭陵。

2. 一座没有陵邑的帝陵

《汉书·元帝纪》载："（汉元帝）以渭城寿陵亭部原上为初陵。""寿陵亭部"因元帝在那里预作寿陵而设。元帝的陵墓取名"渭陵"，当与渭城有关。渭城即秦之咸阳，在今秦汉新城窑店街道办一带。渭陵在窑店街道办西北，即秦汉新城周陵街道办新庄村东南。

元帝在位时下令废除在帝陵旁设置陵邑徙民的传统做法。元帝废置陵邑的原因有四：第一，当时社会矛盾加剧，西汉政府的经济愈发困难，在修建渭陵的过程中，刘奭不得不放弃陵邑的修建；第二，为缓和关东豪强与西汉朝廷的紧张关系，元帝放弃了汉初以来迁徙关东豪强以充实关中帝陵的制度，这也在一定程度上解除了生民迁徙的痛苦；第三，废置陵邑，反映了西汉中央政府对地方势力控制能力的减弱；第四，汉匈之间的和平相处，使陵邑失去了它的战略防御作用。公元前40年（永光四年），汉元帝下令废除陵邑制度。今在渭陵周围未发现陵邑遗迹，这也与文献记载相符。以后，至西汉王朝灭亡，诸帝陵再没有营筑陵邑。

渭陵陵园近方形，南北410米、东西400米，四周有夯土筑成的垣墙，垣墙正中各置阙门，与陵冢底边正中相对。陵园四门距陵园正中的封土堆约为110米。陵冢位于陵园之中，呈覆斗形，冢底边长约166米，冢顶边长50米、高25米。陵园的外门阙保存尚好，四座门址离陵墓封土均为110米左右。西汉末年，王莽篡权后，毁坏了元帝渭陵、成帝延陵，陵园门阙上的罘罳（fúsī，指阙与其连接的主体建筑间的屏墙），用"复思"之意以达到"毋使民复思"的政治目的。又抹黑二陵陵园的墙壁，丑化这些建筑。今渭陵冢顶部已塌陷，面积约400平方米，深约2米。

元帝渭陵西北380米，现存一座陵墓的封土，墓冢南面有毕沅撰写的"周康王陵"碑石。此墓封土为覆斗形，四周围着陵园墙垣，每墙中央各辟一门，门外置双阙，这些都是西汉陵墓与陵园的形制特点。门阙遗址附近，至今仍保存西汉晚期大量砖瓦遗物，这说明其陵园建筑时期与元帝渭陵相近。按照西汉时代制度，皇帝与皇后合葬，但同茔不同穴。又因为渭陵之东的皇后陵位已葬下傅昭仪，因此等到王皇后下葬时只能葬在渭陵西北方。因此，其墓应为孝元王皇后陵墓。王皇后（王政君）为王莽姑母。王皇后陵封土形状规整，底部平面基本呈方形，现存高度约17.5米。

在陵园东北约350米处，有孝元傅昭仪废陵。傅昭仪原为上官太后才人，元帝即位立为婕妤，不久更立为昭仪。因其为人有才略，深得元帝宠爱。元帝死后，随子定陶王归国。称为"定陶太后"。成帝无子，定陶太后多方为其孙刘欣活动，刘欣终于被立为皇太子。刘欣即帝位后，定陶太后被封为"帝太太后"。哀帝"元寿元年崩，合葬渭陵，称孝元傅皇后"。哀帝下令以皇后礼仪将其祖母合葬于渭陵。因其陵墓在元帝陵东边，所以又称"渭陵东园"。汉哀帝死后，王莽执政，出于个人的政治目的，借口孝元傅昭仪"冢高与元帝山齐"，调集了10余万人，历时 20 多天夷平了孝元傅昭仪的陵墓。由于当时的丧葬观念，要在墓中尽力复制和表现死者生前的生活样式，"多藏食物，以歆精魂"（《论衡》），所以陪葬了大量食物。据说当墓被挖开后，腐败的食物气味散发，"臭闻数里"，以至于"洛阳丞临棺，闻臭而死"。今傅皇后陵，当地群众称为"塌塌冢"。

3. "二十八宿墓"

渭陵东北 500 米左右，是陪葬墓群。陪葬墓排列有序，东西 4 行，每行 7 座，共 28 座，正好和天上二十八星宿对应，故当地群众称为"二十八宿墓"。《咸阳县志》称为"七妃墓"，"七"当言其多，实际上不止"七妃"，这些墓应为元帝妃嫔之墓。现存墓冢 12 座。在这个墓区内，曾发现一些建筑遗址，出土了"长生无极""长牙未央""永奉无疆"的文字瓦当，以及汉代砖瓦和卵石散水。在渭陵南 550 米，自东向西排列着 5 座汉墓。其西距延陵 2600 米，西北距康陵1700 米，它们也属于渭陵陪葬墓。据文献记载，陪葬者有王凤、王莽妻、冯奉世等。

从元帝刘奭开始，宦官集团登上了历史和政治的舞台，开始左右朝局，此后外戚与宦官交结作乱，西汉王朝短暂的中兴局面结束了，大汉帝国开始走向衰落。

圆雕玉俑头

1966—1976 年，在咸阳市渭城区周陵乡汉元帝渭陵附近一个汉代礼制建筑遗址内，陆续发现了玉仙
人奔马、玉熊、玉鹰、玉辟邪和玉俑头等一组珍贵的西汉圆雕玉器。据专家推测，这组玉器应是当年
这一汉代礼制建筑内的陈设品，后因建筑倒塌而被湮埋。现藏于咸阳博物馆

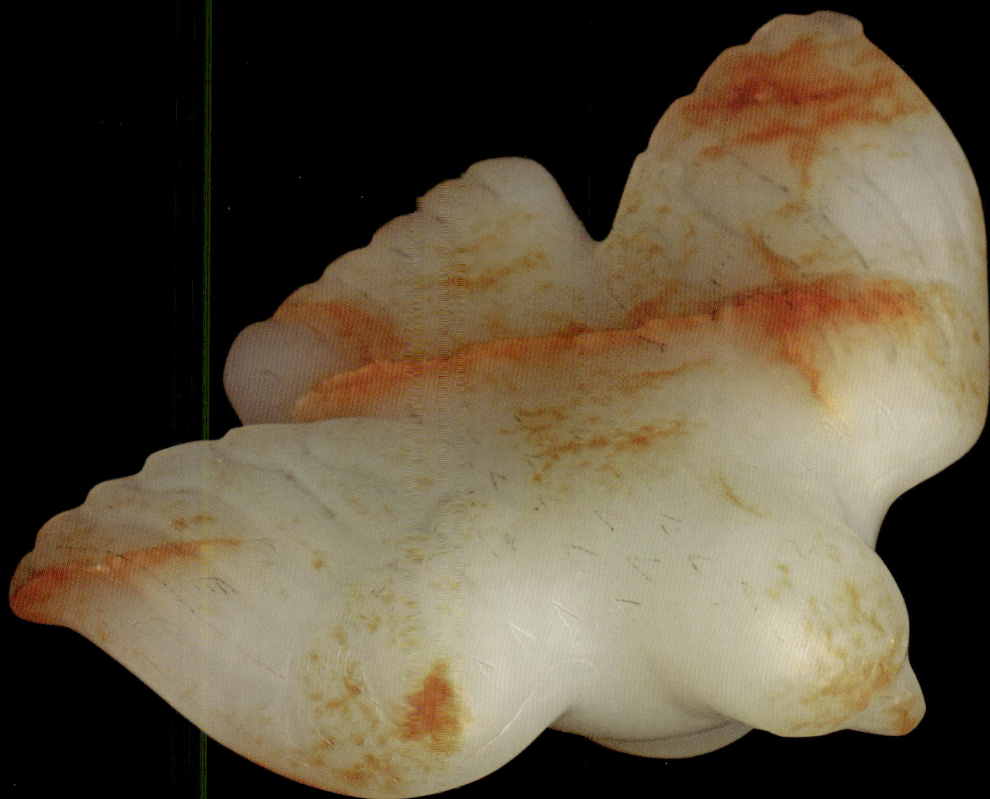

玉鹰

蹲踞状玉辟邪

匍匐状玉辟邪

"上林荣宫"铜方炉

为西汉时室内燃炭取暖的器具，外形看上去颇似今天的炭炉。分成上下两层，上下两层皆为平折沿。上为炉，底有长条形空隙为炉，是盛炭火的部分，四角下有短马蹄形足。下层为一铜方盘，以盛炉灰。炉沿上錾有"上林农宫初元三年受。弘农宫铜方卢（炉）……"等42字铭文，可知此炉为汉宣帝甘露二年（前52）铸炉时所刻，原属弘农宫之物，初元三年（前46）调至上林苑荣宫使用。现藏于陕西历史博物馆

"上林"铜鼎

现藏于陕西历史博物馆

汉成帝延陵封土

汉成帝

刘骜（前51—前7）

延陵

在秦汉新城周陵街道办严家沟村东北，
坐落着一座大墓，
这是汉成帝刘骜的延陵。

1. 刘骜——耽于酒色的皇帝

刘骜（áo）（前51—前7），字太孙，汉元帝刘奭与孝元皇后王政君所生的嫡子。汉成帝即位前为太子时，即纵情于酒色，差点被废去太子之位。在其即位后，也曾试图振兴朝政，下诏减少天下赋钱，令三辅内郡举贤良方正，罢倡乐伎兵官；后来令刘向整理宫中图书，下诏征集图书；又鼓励农桑。但他在位期间，各地灾荒不断，此起彼伏。朝廷内外戚擅政，大政几乎全部为太后王氏一族掌握，为王莽篡汉埋下了祸根。成帝还专宠赵飞燕、赵合德姊妹，日日沉浸"温柔乡"不思悔改，同时又劳民伤财，大兴土木修建陵墓。

公元前7年（绥和二年），汉成帝暴毙，终年44岁，谥号孝成皇帝，庙号统宗，葬于延陵。

2. 延陵与昌陵

延陵修筑于公元前31年（建始二年），位于渭城延陵亭部，取名自其所在地。延陵所在地又称延乡。传世的汉代"成山"文字瓦当，即成帝延陵的遗物。

《汉书·成帝纪》载：延陵始建10年后即将竣成之时，耗资已达"亿万之巨"。成帝突然心血来潮，想改换葬地，便借口延陵风水不好，说延陵南方有一片竹园，恐冒犯延陵地气。于是，在公元前20年（鸿嘉元年），决定在长安城东的新丰县戏乡步昌亭附近重建寿陵——昌陵。并于第二年"徙郡国豪杰赀五百万以上五千户于昌陵"（《汉书·成帝纪》），大规模营建，耗费巨资。《汉书·谷永传》载，营建昌陵取东山之土"贵同粟米"，致使"百姓财竭力尽，愁恨感天，灾异屡降，饥馑仍臻，流散冗食，馁死于道以百万数。公家无一年之畜，百姓无旬目之储，上下俱匮，无以相救"。今在西安市东北部与临潼交界处，仍存一个面积达3平方千米的土丘，土丘上有一个面积达100平方米的矩形大土坑，当地百姓称之为"八宝琉璃井"。巨坑之下20米有坚实的夯土层，可能是当年地宫的建筑物。在土丘的西北角，现在还遗留大量汉代瓦片、砖块和瓦当。由此可见，当年昌陵规模之大，气势之雄伟。

昌陵建造5年之后，已"靡费巨万"，致使"国家罢敝，府藏空虚""天下匮竭"，而陵墓的主体工程——地下墓室和陵园司马门还未完工。成帝震怒，问罪于负责陵墓营作的将作大臣解万年，因他当初曾保证昌陵三年可成。早就对昌陵营作不满的大臣们乘机纷纷上奏，说昌陵是借土他处，"客土之中不保幽冥之灵"（《汉书·陈汤传》），成帝的灵魂将来也不得安宁。而原来的延陵"据真土，处势高敞"，应还复旧陵，停止徙民。成帝无奈，只得下诏罢昌陵之作。

延陵的再度营作，仍极尽豪华。延陵封土呈覆斗形，底部和顶部平面均为方形，底部边长

173 米，顶部边长 51 米，封土高 31 米。陵顶中央塌陷一坑，深 3 米，是墓室被盗导致的陵顶塌落。延陵陵园略呈方形，东西长 382 米，南北宽 400 米。陵园辟四门，门外置双阙。二阙间距 12 米，阙址台基面宽 48 米，进深 13 米、高 3 米。南阙西阙已毁，北阙东阙遗迹尚存。封土正南立有清代毕沅所书"汉成帝延陵"墓碑一通。

3. 名位难考的陪葬墓

延陵陪葬墓主要分成 3 个区域：西部的陪葬墓园、西北方向 3 座和东南方向 5 座。另外在五庄村南有墓冢封土 5 座，以及在延陵西、南方向也有零星墓冢分布，这些墓冢是否也为延陵陪葬墓，学术界有争议。

据文献记载，葬在延陵附近的成帝后妃有许皇后、赵皇后、班婕妤和马婕妤。

许皇后陵东距延陵约 1040 米。覆斗形封土，底部东西 89 米、南北 98 米、高约 18 米。封土正南立有省保护碑。许皇后，元帝舅父许嘉之女。先为太子妃，成帝即位后立为皇后。《汉书·外戚传》称其"后聪慧，善诗书"，得宠于成帝。尽管如此，她还是成了她的父亲许嘉和以王凤为代表的两派外戚势力政治斗争的牺牲品。赵飞燕入宫后，为了夺得皇后的宝座，便向成帝谮告许皇后。许皇后当了 14 年皇后之后，被册收皇后玺，被废居昭台宫。后来，她贿赂定陵侯淳于长，通过多方活动，又被立为"左皇后"。她为了表示对淳于长的感激之情，多次写信给淳相报谢。此事败露后，成帝赐药，许皇后自杀，葬于"延陵交道厩西"。所谓交道，即一横一纵的十字大道。古代城门之外多有交道。陵园门外置交道，可能是仿效城门交道而建。交道厩即十字路口的马厩。许皇后葬地的延陵交道厩，从文献记载来看，应在延陵陵园南门外，北（或西北）距延陵约 1000 米。现在延陵以南 1000 米有个古墓冢，为孝成许皇后之墓。

赵皇后（赵飞燕），原是长安的官奴婢，后被赐予阳阿公主家，学习歌舞。她因体态轻盈，被人称为"飞燕"。在中国历史上，她和唐朝的杨玉环并称为"环肥燕瘦"。汉成帝常到阳阿主家寻欢作乐，见到赵飞燕后大喜，把她召入宫中，后把其妹赵合德也纳入皇宫。赵氏姐妹二人同时被立为婕妤，"贵倾后宫"。许皇后被废，赵飞燕被立为皇后。赵氏姐妹在宫中飞扬跋扈，作恶多端。成帝暴亡后，赵合德被迫自杀，赵飞燕幸免。哀帝即位，她还被尊为皇太后。后来王莽掌权，她被徙居北宫，不久又被废为庶人，她闻讯后自杀而亡。"就其园"，葬于延陵附近。

延陵东北约 600 米处，有汉成帝班婕妤墓。班婕妤出身名门，是汉代著名史学家班彪的姑母，班固、班超为其侄孙。她博通经史，为人端庄大方，常作赋抒发伤感之情。留传今日的还有《自悼赋》《捣素赋》《怨歌行》三篇，并以此成为中国文学史上以辞赋见长的女辞赋家。

班婕妤初入宫之时，深得成帝喜爱，初任少使，后立为婕妤。但她谨言慎行，严守礼义，从不谄媚争宠，其德行在后宫有口皆碑。史书上称班婕妤"每进谏上疏，依则古礼"(《汉书·外戚传》)，她常常以丰富的学识修养，引经据典，试图将汉成帝引向明君之路。早年，她的谏言也多为成帝所采纳。汉成帝曾想让她一同乘辇车巡游，当他邀请班婕妤乘车时，班氏却婉辞谢绝，并借机进谏："观古图画，贤圣之君，皆有名臣在侧，三代末主(指夏桀、商纣、周幽王)乃有嬖女，今欲同辇，得无近似之乎?"(《汉书·外戚传》)说古时的圣贤之君都是名臣在侧，只有末代昏君才会有美人相伴身旁。成帝深感其言，只好作罢。

赵飞燕姊妹专宠之后，不且许皇后早遭冷落，连班婕妤也受到威胁。汉成帝又听信赵氏姊妹的谗言，称"许皇后、班婕妤挟媚道，咒诅后宫，詈及主上"。成帝盛怒之下，就把皇后贬废在昭台宫。赵氏姊妹并不就此罢休，又牵连到班婕妤，向成帝进谗言。当成帝追究时，班婕妤从容不迫，委婉陈词："妾闻死生有命，富贵在天，修正尚未蒙福，为邪欲以何望?使鬼神有知，不受不臣之诉;如其无知，诉之何益?故不为也!"(《资治通鉴·汉纪》)意思是我听说"死生有命，富贵在天"，我修行持正，尚且没有享到幸福，如果做邪的事，就更不用想有好结果了。假使鬼神有知，不会听取诅咒主上的恶语;假使鬼神无知，向其诉说又有何用?所以用妖术诅咒之事，我是不会做的。一番话掷地有声，有情有理，汉成帝也无言以对，只有"怜悯之，赐黄金百斤"了事。

成帝去世后，她以婕妤的身份守园陵，死后陪葬于延陵附近。《重修咸阳县志》载："班婕妤墓在延陵北一里许。"今延陵东北 652 米处有墓冢，形如覆斗，封土底部和顶部平面均为方形，底部边长 80 米，顶部边长 30 米，封土高 14 米，陵基周围曾出土云纹瓦当和其他汉代砖瓦残块。其余延陵陪葬墓大多分布在陵东 1500 米处，共 7 座，今名位难考。

成帝当政期间，大汉已是风雨飘摇、国力衰退、吏治腐败、外戚干政、权力旁落……一切末代王朝的隐患纷纷出现，西汉王朝不可避免地将要走上末路了。

龙纹温酒器

现藏于西安博物院

平都鼎

刻铭：“平都。绥和元年十月造，铜鼎一合，容三斗，重廿六斤。”绥和为汉成帝年号，绥和元年即公元前 8 年。现藏于陕西历史博物馆

"上林"铜鉴

为汉成帝阳朔四年时所造。从"上林铜鉴容五石"的铭文可知这是一件容器。铜鉴在不同时期用途也不同。在没有普遍使用铜镜以前，人们常在鉴内盛水用来照容，因而铜镜也被称为"鉴"。铜鉴还可用于沐浴、盛冰，放入宫室内也可消暑降温。出土于上林苑遗址。现藏于陕西历史博物馆

铜羽人坐像

羽人指身长羽毛或披着羽毛外衣能够飞翔的人。《山海经》《楚辞》《庄子》《淮南子》等历史文献都提到过羽人。西汉时期崇尚神仙的风气盛行，人们渴望死后升天，灵魂飞向神仙的极乐世界。羽人因身有羽翼能飞行，又能乘神龙、神凤、神马、神鹿飞升，因此羽人形象经常出现在汉代墓室随葬品中，作为引导墓主顺利升天的使者。羽人形状奇特，长脸尖鼻，颧骨与眉骨隆起，耳高出头顶，宽肩束腰，背部有两只翅膀。现藏于陕西历史博物馆

鸿雁形熏炉

鸿雁昂首挺胸，睁目仰视，双腿站立。腹中空；背为盖，盖面隆起，为流云纹镂空，在腹内烧香烟气可从镂空处飘出。其结构巧妙，形象生动，富有浓厚的生活气息。现藏于西安博物院

汉哀帝义陵封土

十

汉哀帝

刘欣（前 25—前 1）

义陵

在秦汉新城周陵街道办南贺村东南的一座大墓中，埋葬着英年早逝的皇帝刘欣。

刘欣（前25—前1），字喜，为元帝庶孙，定陶恭王刘康之子，母丁姬。

哀帝即位后，一度勤于政事，下令罢乐府，诏令诸王列侯等限占田亩、奴婢，精简宫女等。他在位期间，土地兼并严重，农民起义此起彼伏，朝政把持于外戚之手，西汉帝国已处于崩溃之际。他也在内外交困中壮志难酬，英年早逝，成为令人扼腕叹息的少年天子。死后谥号为哀帝。义陵为汉哀帝刘欣与傅皇后合葬陵。

汉哀帝义陵，位于今秦汉新城周陵街道办南贺村东南约570米处。墓封土形如覆斗，底部和顶部平面均为方形，底部边长175米，顶部边长55米，封土高30米。陵墓四周筑墙垣，形成陵园，呈方形，边长约420米，四面中央各辟一门，门外置双阙。哀帝陵以东约600米处为孝哀傅皇后陵。孝哀傅皇后陵覆斗形封土，底部东西约100米、南北约80米，顶部东西30米、南北17米，封土高19米。孝哀皇后为傅晏之女，孝元傅昭仪侄孙女。哀帝卒，傅氏失势，王莽令傅皇后退居桂宫，一月后被废为庶人，"后月余，就其园自杀"。

义陵陪葬墓现存封土者共有15座。分布在义陵东北的3座，南边的5座，西边的4座，另有3座分别在义陵东、北和西南。陪葬于义陵者，见于文献记载的只有董贤。

董贤（前23—前1），字圣卿，云阳（今陕西淳化西北）人。颇受哀帝信任，"出则参车，入御左右，旬月间尝赐至钜万，贵震朝廷。常与上卧起。尝昼寝，偏藉上袖，上欲起，贤未觉，不欲动贤，乃断袖而起。其恩爱至此。"（《汉书·佞幸传》）哀帝又将其妹纳为昭仪，地位仅次于皇后，下诏为董贤在未央宫北阙之下兴建宅第。《汉书·佞幸传》又载：其宅第之豪华不亚于皇宫之建筑，"重殿洞门、木土之功穷极技巧，柱槛衣以绨锦"。哀帝又在义陵旁为董贤修筑冢茔，其规格仿照天子陵墓，"内为便房，刚柏题凑，外为徼道，周垣数里，门阙罘罳，甚盛"。近年在义陵附近曾出土"高安万世"瓦当。据《汉书·佞幸传》载，哀帝宠臣董贤曾被封为"高安侯"，推测"高安万世"瓦当应是董贤陪葬时建筑用瓦。哀帝死后，董贤及妻自杀而亡，被王莽开棺验尸，验明正身后才得以下葬。《太平寰宇记》记载的咸阳县东北9000米的董贤墓，大概就是哀帝为董贤所修的"寿陵"。

刘欣在位的时代，整个西汉王朝陷入风雨飘摇的绝境之中，距离倾覆仅咫尺之遥，在他之后，最后一位皇帝的故事即将上演。

行灶

这套铜灶可以拆卸安装，便于移动，因此称为"行灶"，行灶主要见于北方寒冷地区，它的出现标志着人们物质生活的日趋丰富。现藏于西安博物院

汉平帝康陵封土

十一

汉平帝

刘衎（前 9—公元 5）

康陵

康陵位于秦汉新城周陵街道办陵照村东北，
是西汉王朝最后一位皇帝汉平帝刘衎的陵墓，
刘衎在位仅仅5年，
便抱憾而亡。
他曾经的名字 —— 刘箕子，
却一语成谶，
预言了西汉王朝末日的临近。
康陵为汉平帝刘衎与王皇后合葬陵。

刘衎（kàn）（前 9—公元 5），原名刘箕子，汉元帝庶孙，中山孝王刘兴之子，母卫姬。3 岁时嗣立中山王，公元前 1 年（元寿三年）哀帝刘欣去世，因哀帝无子，王莽迎立年仅 9 岁的中山王为帝，是为汉平帝。

平帝在位期间，外戚王莽以大司马之名全权处理朝廷一切事务，政治腐败，民不聊生，国库空虚。此时已是西汉王朝的尾声，王莽取代汉朝的意图已越来越明显。为巩固自己的地位，王莽将平帝母子分开，杀尽了平帝舅家的亲戚；又将自己的女儿嫁给平帝做皇后。平帝渐渐长大，对王莽的专权及阴毒日渐不满。王莽得知后，越来越担心有一天平帝羽翼丰满后对自己采取行动。为绝后患，王莽决定先发制人，便于公元 5 年（元始五年）12 月，趁腊月给皇帝上椒酒的机会，在酒中放了毒药。平帝饮了毒酒后死于未央宫，年 14 岁。为了遮人耳目，王莽将平帝以皇帝大礼厚葬在咸阳原上的康陵。王莽篡夺帝位，改国号为"新"。同年，葬平帝于康陵。

与其他拥有众多陪葬墓的西汉帝陵不同，康陵尽显亡国之君的没落景象，陵园仅存一座孤独的高大墓冢。不过，或许是为了掩盖自己弑君篡汉之罪，王莽故意将康陵修建得高大雄伟，与平帝亡国之君的结局颇不相称。

依据考古勘探来看，康陵陵园布局在西汉帝陵中较为特殊，显得杂乱无章，还出现了围沟这种以往西汉帝陵中从未出现的布局形式。康陵陵园略呈正方形，封土为二层台的覆斗状，封土形状规整，底部平面基本为方形，康陵东西横距 216 米，南北纵距 209.7 米，高 30.6 米。陵园及阙门地表不存。封土南部正中立有国家、省级文物保护标志碑，以及疑似清代陕西巡抚毕沅在乾隆十三年间误立的"汉元帝渭陵"石碑一道。

平帝刘衎 13 岁纳王莽之女王政君为皇后，一年后平帝即被王莽毒死。王莽篡位后，改孝平王皇后为黄室皇主，逼她再嫁，但她忠于汉家，拒从父命。王莽末年，汉兵杀死王莽，焚烧未央宫，她不肯逃走，自言"何面目以见汉家"（宋代洪迈《容斋随笔》）而投火中而死，年仅 27 岁。东汉皇帝曾多次到长安祭祀西汉 11 陵，平帝康陵也是其中之一。东汉建朝后，朝廷把忠于"汉家"的孝平王皇后合葬于康陵。

在刘衎陵东南 400 米处有墓冢，封土外形呈覆斗状，底部平面基本为方形，现存高度 11 米。从其位置来看，它应是与平帝刘衎合葬的后妃陵墓，即孝平王皇后陵墓。奇特的是，这座王皇后陵园是在打破康陵陵园的基础上修建的。可能也与王莽篡汉自立后，曾在渭陵与王政君陵之间挖沟，故意破坏陵园格局，以示与汉室划清界限的动机有关。

在平帝刘衎死后三年，权臣王莽顺理成章地取代刘氏，建立了新莽王朝，西汉王朝正式宣告寿终正寝。一个强大的西汉帝国暂时落下了帷幕。历史重新走入腥风血雨、刀光剑影之中，直到其后的东汉建立，汉家血脉和文化才得以延续和传承，大汉王朝的辉煌开始走入下一个篇章。但代表了大汉王朝最荣耀的两百年西汉王朝，11 座帝陵所折射的帝国荣光，所展现的汉家风华，依然是中国历史中无法抹去的一笔盛世华章。

大泉五十钱范

为王莽新朝文物。现藏于凤翔县博物馆

拈灯

又名行灯，拈有拿、取之意，即为手灯，用作持行照明。
现藏于西安博物院

博山炉

现藏于凤翔县博物馆

四神瓦当

四神瓦当多为西汉晚期之物，如王莽九庙四神瓦当，只能用于宫殿建筑。中国古代有代表方位的四神，分别是青龙、白虎、朱雀、玄武，代表着东、西、南、北四个方向，反映了西汉时期谶纬学说和五行学说的影响。这套四神瓦当保存完整，纹饰生动、动感强烈，有古朴、神秘、含蓄之美。现藏于西北大学博物馆

在瓦当这一方寸之地，汉代匠师们却创造了丰富多彩的艺术天地，图案设计简约优美，文字布局精巧、疏密得当

编后记

《大汉地下王朝》一书，力图用西汉帝陵及其周围丰富的历史文化遗存，来回溯 11 位帝王的千秋功业，他们所处时代的历史地位和成败得失，乃至西汉两百年的盛衰演变的故事，让今天的读者能深刻地认识到，这历经两千年左右的时间留存下来的 11 座帝陵，如何见证了一个伟大王朝的建立与覆亡，而在它们的身上所体现的中华民族优秀的物质文明与精神文明，以及成败与兴亡的历史教训，又是中华文明乃至世界文明的宝贵遗产。2015 年 2 月 15 日，习近平总书记到陕西省西安市调研，在参观西安博物院时强调："一个博物院就是一所大学校。要把凝结着中华民族传统文化的文物保护好、管理好，同时加强研究和利用，让历史说话，让文物说话。在传承祖先的成就和光荣、增强民族自尊和自信的同时，谨记历史的挫折和教训，以少走弯路、更好前进。"

　　最近几十年来，我国的考古工作者对帝陵陪葬墓、从葬坑等的抢救性发掘和研究取得了很大的成就，出土了足够丰富和多元的文物，使我们得以走近鲜活生动的历史，震撼于大汉王朝的气魄和辉煌。正是像刘庆柱、李毓芳、王学理、焦南峰、马永嬴等一批优秀的考古学家和秦汉史研究专家在西汉帝陵领域的拓荒和深入研究，以及陕西历史博物馆、咸阳博物馆、西安博物院、汉景帝阳陵博物院、茂陵博物馆、西安唐皇城墙含光门遗址博物馆等藏品丰富、研究充分的优秀文博单位的支持和配合，我们得以用高规格的图文书籍，将考古人、历史学家丰硕的学术研究成果，博物馆里数不胜数的珍贵文物介绍给广大读者。本书以时间顺序为线索，梳理了大汉王朝的历史脉络，来串联钩沉起一段段不为人知的历史，以求能以物论史，透物见人，带读者走入地下王朝，重新认识大汉王朝在中华文明中不可替代的地位，讲述出我们所理解的中国故事。

总策划、总监制：李元君

学术顾问：马永赢

特约编辑：王光灿

责任编辑：宫　共

责任校对：黄文魁　吕　飞

责任印制：安晓贤

选题责任方：秦汉新丝路　文和東方

图书在版编目（CIP）数据

大汉地下王朝 / 张文文，唐群著 . -- 北京：人民出版社，2018.9
ISBN 978-7-01-019717-3

Ⅰ . ①大… Ⅱ . ①张… ②唐… Ⅲ . ①帝王—陵墓（考古）
—西安—西汉时代—通俗读物 Ⅳ . ① K878.8-49

中国版本图书馆 CIP 数据核字 (2018) 第 198385 号

大漢地下王朝
DAHAN DIXIA WANGCHAO

连　旭　摄影　　张文文　唐群　著

人民出版社 出版发行

（100706 北京市东城区隆福寺街 99 号）

北京雅昌艺术印刷有限公司印刷

新华书店经销

2018 年 12 月第 1 版

2018 年 12 月北京第 1 次印刷

开本：889mm×1194mm　1/16

印张：18

字数：50 千字

ISBN 978-7-01-019717-3

定价：150.00 元

邮购地址：100706 北京市东城区隆福寺街 99 号

人民东方图书销售中心　电话（010）65250042　65289539